1 Überblick und Grundlagen

2 Pyruvatdehydrogenasereaktion (PDH)

3 Citratzyklus

4 Atmungskette

5 Muskel

Index

Dr. Isabel Eggemann
Biochemie Band 1
MEDI-LEARN Skriptenreihe

6., komplett überarbeitete Auflage

MEDI-LEARN Verlag GbR

Autorin: Dr. Isabel Eggemann
Fachlicher Beirat: Timo Brandenburger

Teil 1 des Biochemiepaketes, nur im Paket erhältlich
ISBN-13: 978-3-95658-001-7

Herausgeber:
MEDI-LEARN Verlag GbR
Dorfstraße 57, 24107 Ottendorf
Tel. 0431 78025-0, Fax 0431 78025-262
E-Mail redaktion@medi-learn.de
www.medi-learn.de

Verlagsredaktion:
Dr. Marlies Weier, Dipl.-Oek./Medizin (FH) Désirée Weber, Denise Drdacky, Jens Plasger, Sabine Behnsch, Philipp Dahm, Christine Marx, Florian Pyschny, Christian Weier

Layout und Satz:
Fritz Ramcke, Kristina Junghans, Christian Gottschalk

Grafiken:
Dr. Günter Körtner, Irina Kart, Alexander Dospil, Christine Marx

Illustration:
Daniel Lüdeling

Druck:
A.C. Ehlers Medienproduktion GmbH

6. Auflage 2014
© 2014 MEDI-LEARN Verlag GbR, Marburg

Das vorliegende Werk ist in all seinen Teilen urheberrechtlich geschützt. Alle Rechte sind vorbehalten, insbesondere das Recht der Übersetzung, des Vortrags, der Reproduktion, der Vervielfältigung auf fotomechanischen oder anderen Wegen und Speicherung in elektronischen Medien.
Ungeachtet der Sorgfalt, die auf die Erstellung von Texten und Abbildungen verwendet wurde, können weder Verlag noch Autor oder Herausgeber für mögliche Fehler und deren Folgen eine juristische Verantwortung oder irgendeine Haftung übernehmen.

Wichtiger Hinweis für alle Leser
Die Medizin ist als Naturwissenschaft ständigen Veränderungen und Neuerungen unterworfen. Sowohl die Forschung als auch klinische Erfahrungen führen dazu, dass der Wissensstand ständig erweitert wird. Dies gilt insbesondere für medikamentöse Therapie und andere Behandlungen. Alle Dosierungen oder Applikationen in diesem Buch unterliegen diesen Veränderungen.
Obwohl das MEDI-LEARN Team größte Sorgfalt in Bezug auf die Angabe von Dosierungen oder Applikationen hat walten lassen, kann es hierfür keine Gewähr übernehmen. Jeder Leser ist angehalten, durch genaue Lektüre der Beipackzettel oder Rücksprache mit einem Spezialisten zu überprüfen, ob die Dosierung oder die Applikationsdauer oder -menge zutrifft. Jede Dosierung oder Applikation erfolgt auf eigene Gefahr des Benutzers. Sollten Fehler auffallen, bitten wir dringend darum, uns darüber in Kenntnis zu setzen.

Vorwort

Liebe Leserin, lieber Leser,

zu viel Stoff und zu wenig Zeit – diese zwei Faktoren führen stets zu demselben unschönen Ergebnis: Prüfungsstress!

Was soll ich lernen? Wie soll ich lernen? Wie kann ich bis zur Prüfung noch all das verstehen, was ich bisher nicht verstanden habe? Die Antworten auf diese Fragen liegen meist im Dunkeln, die Mission Prüfungsvorbereitung erscheint vielen von vornherein unmöglich. Mit der MEDI-LEARN Skriptenreihe greifen wir dir genau bei diesen Problemen fachlich und lernstrategisch unter die Arme.

Wir helfen dir, die enorme Faktenflut des Prüfungsstoffes zu minimieren und gleichzeitig deine Bestehenschancen zu maximieren. Dazu haben unsere Autoren die bisherigen Examina (vor allem die aktuelleren) sowie mehr als 5000 Prüfungsprotokolle analysiert. Durch den Ausschluss von „exotischen", d. h. nur sehr selten gefragten Themen, und die Identifizierung immer wiederkehrender Inhalte konnte das bestehensrelevante Wissen isoliert werden. Eine didaktisch sinnvolle und nachvollziehbare Präsentation der Prüfungsinhalte sorgt für das notwendige Verständnis.

Grundsätzlich sollte deine Examensvorbereitung systematisch angegangen werden. Hier unsere Empfehlungen für die einzelnen Phasen deines Prüfungscountdowns:

Phase 1: Das Semester vor dem Physikum
Idealerweise solltest du schon jetzt mit der Erarbeitung des Lernstoffs beginnen. So stehen dir für jedes Skript im Durchschnitt drei Tage zur Verfügung. Durch themenweises Kreuzen kannst du das Gelernte fest im Gedächtnis verankern.

Phase 2: Die Zeit zwischen Vorlesungsende und Physikum
Jetzt solltest du täglich ein Skript wiederholen und parallel dazu das entsprechende Fach kreuzen. Unser „30-Tage-Lernplan" hilft dir bei der optimalen Verteilung des Lernpensums auf machbare Portionen. Den Lernplan findest du in Kurzform auf dem Lesezeichen in diesem Skript bzw. du bekommst ihn kostenlos auf unseren Internetseiten oder im Fachbuchhandel.

Phase 3: Die letzten Tage vor der Prüfung
In der heißen Phase der Vorbereitung steht das Kreuzen im Mittelpunkt (jeweils abwechselnd Tag 1 und 2 der aktuellsten Examina). Die Skripte dienen dir jetzt als Nachschlagewerke und – nach dem schriftlichen Prüfungsteil – zur Vorbereitung auf die mündliche Prüfung (siehe „Fürs Mündliche").

Weitere Tipps zur Optimierung deiner persönlichen Prüfungsvorbereitung findest du in dem Band „Lernstrategien, MC-Techniken und Prüfungsrhetorik".

Eine erfolgreiche Prüfungsvorbereitung und viel Glück für das bevorstehende Examen wünscht dir

Dein MEDI-LEARN Team

NUR FÜR CLUBMITGLIEDER

WWW.MEDI-LEARN.DE/CLUB/AB123

DEINE EXAMENSERGEBNISSE PER SMS KOSTENLOS AUFS HANDY

SMS

Inhalt

1	**Überblick und Grundlagen**	**1**	3.2	Die Energiebilanz – oder: Was springt bei dem ganzen Zirkus raus?	35
1.1	Was sind Redoxreaktionen?	2	3.3	Citratzyklus-Regulation	36
1.1.1	Oxidation	2	3.4	Anabole Aufgaben, denn der Citratzyklus kann noch mehr	36
1.1.2	Reduktion	2	3.5	Anaplerotische Reaktionen (Nahrung für den Citratzyklus)	37
1.1.3	Redoxreaktion	3			
1.1.4	Reduktionsäquivalent	3			
1.1.5	Redoxpotenzial	3			
1.2	Ein kurzer Ausflug in die Energetik	4	**4**	**Atmungskette – oder: Warum atmen wir eigentlich?**	**41**
1.3	Systematisierung der Coenzyme	4			
1.3.1	Unterteilung der Coenzyme nach Enzymbeziehung	5	4.1	Was passiert in der Atmungskette?	42
1.3.2	Unterteilung der Coenzyme nach Art der übertragenen Gruppen	6	4.2	Aufbau der Atmungskette	43
1.4	Ein paar Geheimnisse aus dem mitochondrialen Leben	16	4.2.1	Herkunft der reduzierten Coenzyme (Wassereimer)	43
1.4.1	Stoffwechselwege im Mitochondrium	16	4.2.2	Komplexe I-IV (Wasserräder)	43
1.4.2	Transportsysteme	16	4.2.3	Übertragermoleküle (Container)	48
			4.2.4	Komplex V – die ATP-Synthase (Turbine)	48
			4.3	Der Weg durch die Atmungskette	49
2	**Pyruvatdehydrogenasereaktion (PDH)**	**23**	4.4	Die Atmungskette: Schwerpunkt Redoxreihe	50
			4.5	Energiebilanz der Atmungskette	50
2.1	Ablauf der Pyruvatdehydrogenasereaktion	23	4.6	Regulation der Atmungskette	52
			4.7	Beeinflussung der Atmungskette	53
2.1.1	PDH-Reaktion Teil 1: Decarboxylierung	23	4.7.1	Hemmung der Atmungskette	53
2.1.2	PDH-Reaktion Teil 2: CoA-Anhängung	24	4.7.2	Entkoppler der Atmungskette	55
2.1.3	PDH-Reaktion Teil 3: Regeneration der Coenzyme	24	4.7.3	Zusammenfassung der Blockierer der Atmungskette	57
2.1.4	Gesamtablauf der PDH-Reaktion	25			
2.2	Regulation	27			
			5	**Muskel**	**62**
3	**Citratzyklus**	**28**	5.1	Muskelstoffwechsel	62
			5.1.1	Energiestoffwechsel	62
3.1	Der Ablauf – oder: Was passiert hier eigentlich?	29	5.1.2	Cori-Zyklus	66
3.1.1	Teil 1 des Citratzyklus: Acetyl-CoA-Abbau	29	5.1.3	Alanin-Zyklus	66
			5.2	Spezielle Aspekte des Muskelaufbaus	67
3.1.2	Teil 2 des Citratzyklus: Oxalacetat-Regeneration	33	5.2.1	Aufbau des Myoglobins	67
			5.2.2	Muskelfasertypen	69

Für Studierende der akademischen Heilberufe:
Kostenfreies MEDI-LEARN Biochemie-Poster.

- Von Dozenten entwickelt
- Ideale Lernhilfe
- Besonders übersichtlich
- Grafisch exzellent aufbereitet
- Kostenfrei – nur von Ihrem persönlichen Berater der Deutschen Ärzte Finanz

Lassen Sie sich beraten!

Nähere Informationen und unseren Repräsentanten vor Ort finden Sie im Internet unter www.aerzte-finanz.de

Deutsche Ärzte Finanz
Standesgemäße Finanz- und Wirtschaftsberatung

1 Überblick und Grundlagen

 Fragen in den letzten 10 Examen: 9

Einleitungen – wer liest schon Einleitungen? Ich habe Einleitungen eigentlich immer gelesen. Nicht, dass sie mich sonderlich interessiert hätten und ich hinterher wesentlich motivierter und gespannter gelesen hätte. Bei mir ging es wohl vielmehr darum, weitere fünf Minuten „rauszuschlagen", bevor ich mich dann doch unausweichlich dem meist sehr trockenen Stoff aussetzen musste.

Wo wir dann auch schon beim Thema wären: Ich könnte jetzt schreiben, dass das Thema „Biologische Oxidation" die Krönung der Biochemie und unabdingbar für dein tieferes Verständnis ist, wie es wahrscheinlich in den großen Lehrbüchern steht. Oder etwa, dass das Thema trocken und kompliziert ist, aber im Physikum von den Profs gefragt wird und deswegen wichtig ist. Die Wahrheit liegt wohl irgendwo dazwischen.

Das vorliegende Kapitel der Biochemie ist nicht einfach, aber es führt die drei großen Stoffwechselabbauwege zusammen. Daher bringt hier vergleichsweise wenig Lernarbeit wirklich „ernsthafte Erkenntnis" und, damit verbunden, auch wichtige Physikumspunkte mit sich. So, und jetzt hoffe ich, dass du, wenn schon nicht motivierter, dann doch wenigstens mit einem Lächeln auf den Lippen anfängst zu lesen.

Ein paar Sätze muss ich zur neuen Auflage noch hinzufügen: Du wirst merken, dass es viele Abschnitte gibt, zu denen in den letzten zehn Jahren keine Fragen gestellt wurden. Ich habe mich trotzdem entschieden, diese Kapitel nicht zu streichen. Warum? Sie sind wichtig, um nachfolgende Abschnitte zu verstehen und werden allesamt in der mündli-

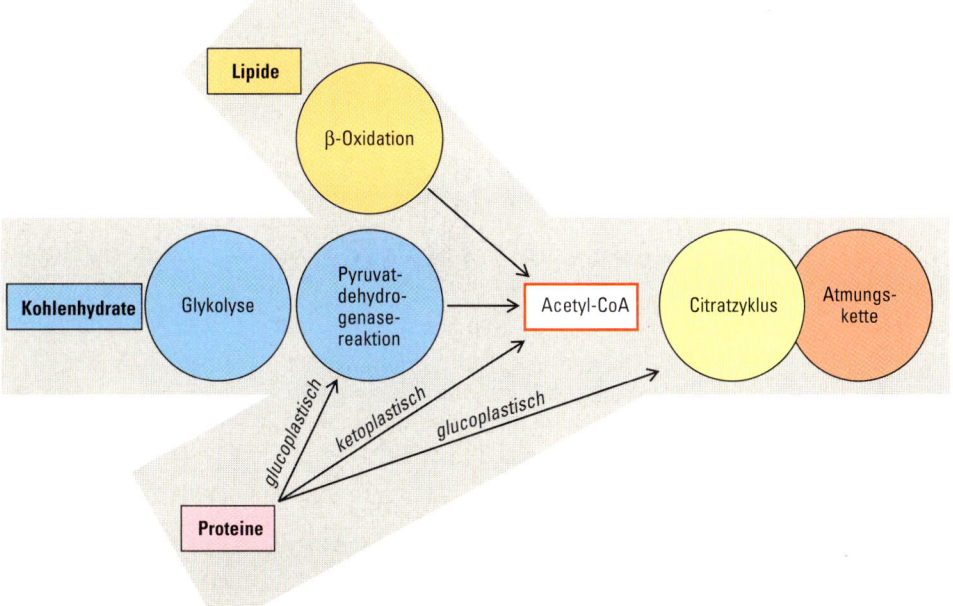

Abb. 1: Übersicht biologische Oxidation

medi-learn.de/6-bc1-1

1 Überblick und Grundlagen

chen Prüfung gefragt. Nur so hast du also ein vollständiges Skript.

Die vorliegende Grafik (s. Abb. 1, S. 1) ist als Orientierungskarte gedacht. Sie soll einen Überblick darüber geben, wie die drei großen Nährstoffklassen auf ihren einzelnen Pfaden zerlegt werden, um dann hinterher in einen gemeinsamen Abbauweg zu münden.

Die im vorliegenden Skript besprochenen Kapitel (Kapitel 2, S. 23, Kapitel 3, S. 28, Kapitel 4, S. 41) sind hier in einen großen Zusammenhang eingeordnet, sodass es hilfreich ist, jeweils vor Bearbeitung eines dieser Kapitel einen Blick auf diese Grafik zu werfen, um sich kurz klarzumachen, mit welchem Abbauweg man sich beschäftigt, woher dieser Abbauweg kommt und wohin er führt.

Bevor du nun in die tiefen Geheimnisse der Biochemie einsteigst, kommen erst ein paar Grundlagen. Bitte nicht einfach überspringen! Es sind zwar einige zusätzliche Seiten, die jedoch wichtig für das Verständnis der weiteren Kapitel sind und im Physikum gerne gefragt werden. Im Einzelnen geht es in diesem Kapitel um:
– die Frage: „Was sind Redoxreaktionen?",
– einen kurzen Ausflug in die Energetik,
– eine Systematisierung der Coenzyme und
– ein paar Geheimnisse aus dem mitochondrialen Leben.

1.1 Was sind Redoxreaktionen?

Hinter dem seit dem ersten Semester wohlbekannten und doch irgendwie Unwohl erzeugenden Begriff steckt nichts Besonderes. Er hat nur leider die Eigenschaft, dass man es sich oft nicht merken kann, in welche Richtung etwas abgegeben oder aufgenommen wird, wie das in der Medizin und insbesondere vor dem Physikum oft der Fall ist. Hier zur Auffrischung also noch mal das Wichtigste in Kurzform:

1.1.1 Oxidation

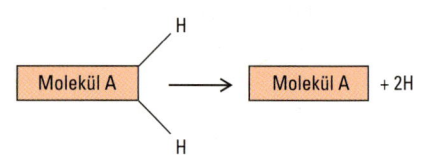

Abb. 2: Oxidation *medi-learn.de/6-bc1-2*

Das Molekül A gibt bei der Reaktion zwei Wasserstoffatome ab, es wird dehydriert und damit oxidiert.

> **Merke!**
>
> Die Oxidation ist eine Reaktion, die gleichzusetzen ist mit:
> – Elektronenabgabe (oft mit Protonenabgabe gekoppelt),
> – Dehydrierung (H_2-Abgabe) und
> – Sauerstoffaufnahme.

1.1.2 Reduktion

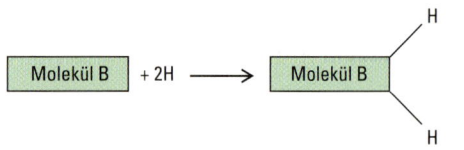

Abb. 3: Reduktion *medi-learn.de/6-bc1-3*

Das Molekül B nimmt bei der Reaktion zwei Wasserstoffatome auf, es wird hydriert und damit reduziert.

> **Merke!**
>
> Die Reduktion ist eine Reaktion, die gleichzusetzen ist mit:
> – Elektronenaufnahme (oft mit Protonenaufnahme gekoppelt),
> – Hydrierung (H_2-Aufnahme) und
> – Sauerstoffabgabe.

1.1.3 Redoxreaktion

Nun liegt es in der Natur der Sache, dass das Eine nie ohne das Andere stattfindet. Im Klartext heißt das: Oxidation und Reduktion sind immer miteinander gekoppelt, was man daher auch Redoxreaktion nennt.

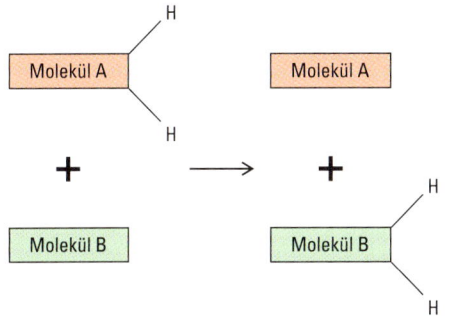

Abb. 4: Redoxreaktion *medi-learn.de/6-bc1-4*

Molekül A gibt hier zwei H ab und wird daher dehydriert (oxidiert). Da sich diese zwei Wasserstoffatome nicht einfach in Luft auflösen können, werden sie von Molekül B übernommen: Molekül B wird dadurch hydriert (reduziert).

1.1.4 Reduktionsäquivalent

Das Reduktionsäquivalent ist ein Begriff, der oft verwendet, aber fast nirgendwo erklärt wird. Da die offizielle chemische Definition recht kompliziert ist, ist sie hier etwas vereinfacht dargestellt. Dadurch ist sie zwar nicht mehr ganz so präzise, für die Physikumsfragen aber trotzdem ausreichend:
Im Schriftlichen wird der Begriff Reduktionsäquivalent als Synonym für die Anzahl der übertragenen Elektronen verwendet. Dabei gilt:

> **Merke!**
>
> Ein **Reduktionsäquivalent** bezeichnet **1 Mol Elektronen**, die bei **Redoxreaktionen** entweder direkt oder zusammen mit 1 Mol Protonen in Form von **Wasserstoff** (z. B. NADH) übertragen werden.

Und jetzt noch mal konkret: In unserem Beispiel (s. Abb. 4) werden die Elektronen zusammen mit H^+-Ionen als H-Atome übertragen. Es werden insgesamt 2 H-Atome ausgetauscht. Das entspricht zwei Reduktionsäquivalenten.

1.1.5 Redoxpotenzial

Der Begriff des Redoxpotenzials ist schon eine etwas härtere Nuss. Wenn du dich an unser Beispiel von eben erinnerst (s. Abb. 4, S. 3), siehst du, dass das Molekül B dem Molekül A seine zwei H-Atome abgenommen hat. Das Molekül B verfügt offensichtlich über mehr Kraft, diese Wasserstoffatome an sich zu binden, als das Molekül A. Diesen Kräfteunterschied gibt es zwischen allen Molekülen und so kann man quasi eine Art Rangliste erstellen: Wer mehr Kraft hat, bekommt auch eine positivere Zahl zugeordnet. Das ist dann auch schon das Prinzip des Redoxpotenzials.

Das Redoxpotenzial ist ein Maß für die Stärke der Anziehungskraft eines Stoffes auf Elektronen/H-Atome. Je positiver das Redoxpotenzial eines Stoffes ist, desto größer ist seine Anziehungskraft auf Elektronen/H-Atome. Es geht um die Frage: „Wer ist der bessere Elektronenjäger, hat also mehr Kraft als die Anderen?"

Ordnet man nun also die Substanzen danach, wie stark sie H-Atome anziehen und schreibt diese Rangliste umgekehrt auf (also die besten Jäger nach unten, die schlechten nach oben), erhält man die **Spannungsreihe**.

1 Überblick und Grundlagen

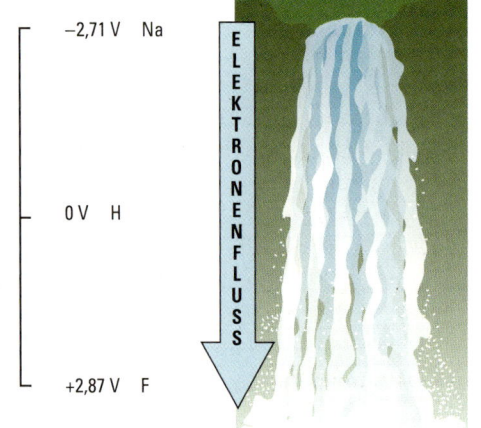

Abb. 5: Auszug aus der Spannungsreihe

medi-learn.de/6-bc1-5

Natrium
- hat ein sehr negatives Redoxpotenzial,
- hat daher keine hohe Anziehungskraft auf Elektronen und gibt sie eher ab und
- steht ganz oben in der Spannungsreihe.

Fluor
- hat ein sehr positives Redoxpotenzial,
- übt eine hohe Anziehungskraft auf Elektronen aus und nimmt sie daher eher auf und
- steht ganz unten in der Spannungsreihe.

> **Übrigens ...**
> Der Elektronenfluss entlang der Spannungsreihe lässt sich gut mit einem Wasserfall vergleichen: Die Elektronen fließen in der Spannungsreihe bei Redoxreaktionen von den oben stehenden Elementen zu den unten stehenden, genau so, wie das Wasser im Wasserfall von oben nach unten fließt.

1.2 Ein kurzer Ausflug in die Energetik

In der Chemie und der Biochemie gibt es zwei unter energetischem Aspekt verschiedene Reaktionstypen:
- Reaktionen, die Energie freisetzen und
- Reaktionen, die Energie verbrauchen.

Man kann das sehr gut mit unserem Alltag vergleichen. Auch hier gibt es Sachen, die einem Spaß machen (Energie zuführen) und Sachen, für die man arbeiten muss (Energie verbrauchen).
Im (Bio-)Chemiejargon gibt es dafür die Begriffe exergon und endergon.

> **Übrigens ...**
> Eine **exergone** Reaktion ist eine Reaktion, die
> – freiwillig abläuft und
> – Energie freisetzt.
> In unserem Alltag könnte das z. B. Eisessen sein.
> Eine **endergone** Reaktion ist eine Reaktion, die
> – nicht freiwillig abläuft und
> – Energie verbraucht.
> In unserem Alltag könnte das z. B. Lernen sein.

Koppelt man nun eine endergone Reaktion mit einer exergonen, kann plötzlich auch die energieverbrauchende, endergone Reaktion ablaufen. Wenn man also beim Lernen ein Eis isst, wird das Ganze erträglicher.

Oder mit einem eher medizinischen Vergleich verdeutlicht: Ein Muskel wird sich nicht freiwillig kontrahieren (endergone Teilreaktion). Koppelt man aber die Muskelkontraktion mit der Spaltung von ATP (exergone Teilreaktion), so führt das dazu, dass sich der Muskel kontrahiert (exergone Gesamtreaktion).

1.3 Systematisierung der Coenzyme

Was sind eigentlich Coenzyme? Coenzyme sind so etwas wie die kleinen, aber doch sehr wichtigen Helfer des Alltags, die für einen reibungslosen Ablauf in der Vielzahl der Stoffwechselkreisläufe (und anderen Bereichen) sorgen.
Coenzyme sind Hilfsmoleküle, die die in einer Reaktion vom Enzym übertragenen Gruppen vorübergehend aufnehmen und dann wieder

abgeben. Sie üben damit eine Transportfunktion aus, die zur Regulation von Stoffwechselkreisläufen genutzt wird.

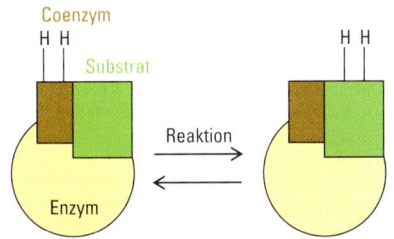

Das Enzym ist mit Substrat und einem Coenzym beladen. Die zu übertragende Gruppe (z. B. 2H) ist dabei an das Coenzym gebunden. Bei der Reaktion werden die Gruppen vom Coenzym an das Substrat abgegeben.

Abb. 6: Funktionsweise von Coenzymen

medi-learn.de/6-bc1-6

Man kann die Coenzyme auf zwei Arten weiter unterteilen:
1. Nach der Art, wie sie in Beziehung zu ihrem Enzym stehen.
2. Nach der Art, was sie transportieren, also welche Gruppen von ihnen übertragen werden.

1.3.1 Unterteilung der Coenzyme nach Enzymbeziehung

Dieser Abschnitt geht auf die Frage ein, wie sich Coenzyme gegenüber den Enzymen verhalten, von denen sie verwendet werden. Dabei unterscheidet man
– lösliche Coenzyme (Cosubstrate) und
– prosthetische Gruppen (fest ans Enzym gebundene Coenzyme).

Lösliche Coenzyme

Lösliche Coenzyme verhalten sich fast genauso wie die Substrate. Sie werden
– während der Reaktion wie Substrate gebunden,
– wie diese chemisch verändert und
– in veränderter Form wieder freigesetzt.

Im Gegensatz zu den Substraten werden die Coenzyme jedoch anschließend in einer zweiten, unabhängigen Reaktion regeneriert und stehen für einen erneuten Reaktionsdurchlauf zur Verfügung. Die Regeneration kann durch das Enzym der Hinreaktion oder ein anderes Enzym katalysiert werden.

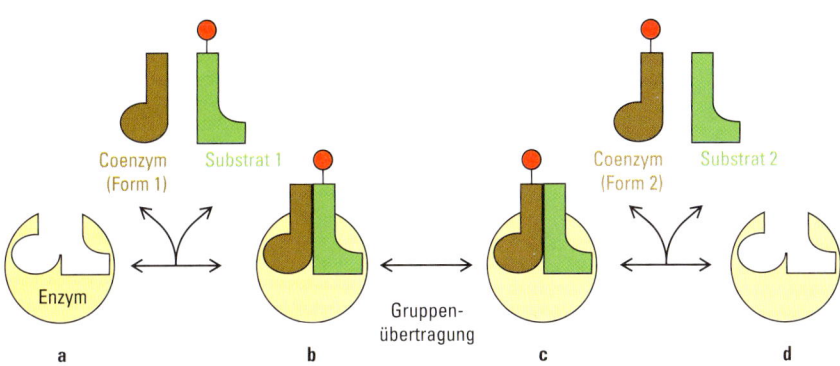

Abb. 7: Lösliche Coenzyme

medi-learn.de/6-bc1-7

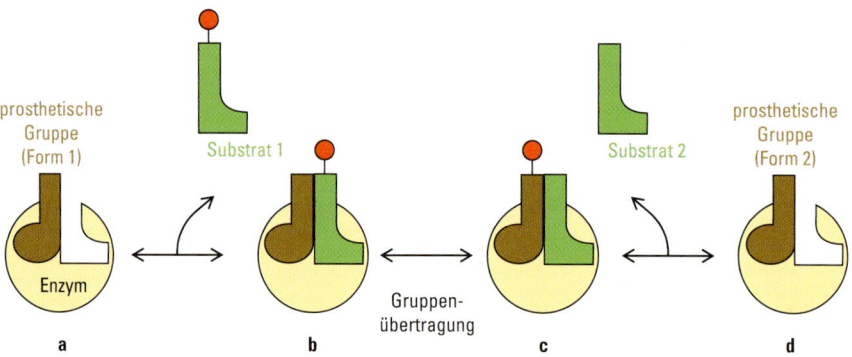

Abb. 8: Prosthetische Gruppen *medi-learn.de/6-bc1-8*

Prosthetische Gruppen

Im Gegensatz zu den löslichen Coenzymen sind die prosthetischen Gruppen immer fest an ein Enzym gebunden (sie verbleiben vor, während und nach der Reaktion am Enzym) und müssen auch dort wieder regeneriert werden.

1.3.2 Unterteilung der Coenzyme nach Art der übertragenen Gruppen

Grundlage für diese zweite Art der Einteilung ist die Tatsache, dass ein Coenzym immer die gleiche Gruppe transportiert (z. B. immer H_2, immer CH_3, immer ein Elektron). Dahingehend sind unsere kleinen Helfer also sehr unflexibel. Das ist jedoch gut so, da sie dadurch auf ihr Transportgut optimal eingestellt sind.

Dieser Abschnitt behandelt die beiden prüfungsrelevanten Vertreter
- Redoxcoenzyme und
- gruppenübertragende Coenzyme.

Redoxcoenzyme

Die Bezeichnung dieser Coenzyme lässt zu Recht vermuten, dass sie irgendetwas mit Redoxreaktionen zu tun haben. Da Oxidation und Reduktion immer gekoppelt ablaufen, es aber im Stoffwechsel nicht immer möglich ist, einen passenden Reaktionspartner in der Zelle aufzutreiben, haben sich ein paar Coenzyme dazu bereit erklärt, für diese Aufgabe bereitzustehen und – je nachdem, was gebraucht wird – oxidiert oder reduziert zu werden.

Daraus ergibt sich die Definition der Redoxcoenzyme: Redoxcoenzyme sind Coenzyme, die bei Redoxreaktionen H-Atome oder Elektronen aufnehmen oder abgeben.

> **Übrigens ...**
> Die Redoxcoenzyme transportieren nur „kleine" Elektronen, Atome und Moleküle. Man könnte sie mit einem Auto vergleichen, da auch hier die Ladekapazität beschränkt ist.

Wichtige Redoxcoenzyme sind
- NAD^+ und $NADP^+$,
- FMN und FAD,
- Liponsäure,
- Ubichinon,
- Häm und
- Eisen-Schwefel-Komplexe.

1.3.2 Unterteilung der Coenzyme nach Art der übertragenen Gruppen

NAD⁺ und NADP⁺. NAD⁺ und NADP⁺ sind häufige und wichtige Coenzyme, um die du in der Biochemie nicht herumkommst. Sie spielen in fast allen Stoffwechselkreisläufen eine Rolle. Fragen hierzu beziehen sich auf
a) ihre Struktur,
b) ihre Eigenschaften und Gemeinsamkeiten sowie
c) ihre Unterschiede.

Zu a) Keine Panik: Es ist nicht nötig, die Struktur der Moleküle auswendig zu lernen, du solltest sie nur wieder erkennen können (s. Abb. 9).

Ausgeschrieben bedeutet NAD(P)⁺: Nicotinamid-Adenin-Dinucleotid-(Phosphat).
NAD⁺ und NADP⁺ **unterscheiden sich im strukturellen Aufbau** lediglich durch eine Phosphatgruppe, die von einer Kinase auf NAD⁺ übertragen wird, sodass daraus NADP⁺ entsteht.

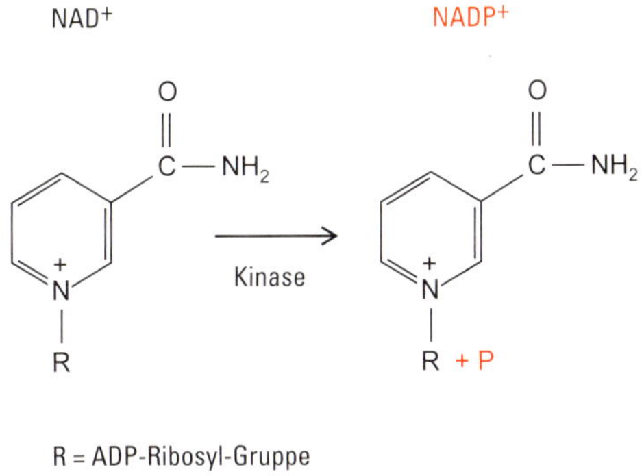

Abb. 9: Struktur von NAD⁺ und NADP⁺

medi-learn.de/6-bc1-9

> **Merke!**
> - Sowohl NAD⁺ als auch NADP⁺ können also aus **Nicotinsäure oder Nicotinsäureamid** (aus dem Vit. B₃-Komplex) synthetisiert werden.
> - Nicotinsäure (Niacin) selbst kann aus der Aminosäure **Tryptophan** gebildet werden (allerdings nur mit geringer Ausbeute).

Die Abbildung zeigt die Strukturformel von Nicotinsäureamid und NICHT die von Nicotin.

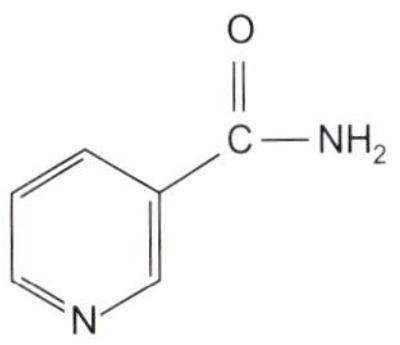

Abb. 10: Nicotinsäureamid *medi-learn.de/6-bc1-10*

Um der Verwirrung bei den Begrifflichkeiten vorzubeugen:
Der Ausdruck **Niacin** ist gleichbedeutend mit **Nicotinsäure**. Das in der Natur häufig vorkommende Nicotinsäureamid ist genauso als Vitamin wirksam und kann als Niacinamid oder ebenfalls nur Niacin bezeichnet werden.
Chemisch besteht der Unterschied zwischen der Säure und dem Säureamid lediglich in einer Aminogruppe, die an die Carboxylgruppe gebunden ist.

Zu b), den Eigenschaften von NAD⁺/NADP⁺, solltest du dir merken, dass beide zu den Redoxcoenzymen gehören und somit **Redoxäquivalente** (s. 1.1.4, S. 3) transportieren. Bei diesen Redoxäquivalenten handelt es sich allerdings um etwas Besonderes, nämlich um **Hydrid-Ionen**; ein Begriff, der im Physikum auch verlangt wird.
Dahinter verbirgt sich jedoch nichts Schwieriges:
Ein **Hydrid-Ion** ist
– ein negativ geladenes **H⁻-Ion** =
– ein H-Atom + ein Elektron =
– ein H⁺-Ion + zwei Elektronen.

Eine Oxidation ist definiert als Elektronenabgabe, die oft mit einer Protonenabgabe gekoppelt ist (s. 1.1.1, S. 2), und
nichts anderes findet man hier: Beim Transport von Hydrid-Ionen werden zwei Elektronen zusammen mit einem Proton transportiert (s. Abb. 11, S. 8).

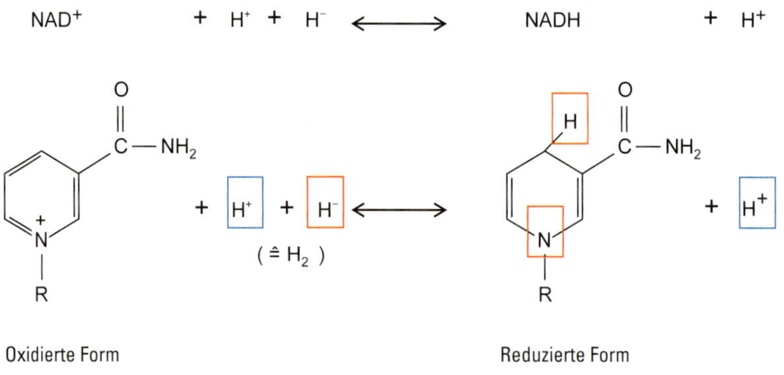

1 Überblick und Grundlagen

Die Abbildung zeigt die beiden Zustandsformen von NAD⁺/NADP⁺. Links ist die oxidierte Form dargestellt, die durch Aufnahme eines Hydrid-Ions vom Nicotinamid in die reduzierte Form übergeht. Das Hydrid-Ion liegt nicht frei vor, sondern stammt aus einem Wasserstoffmolekül (H_2), von dem dann noch ein Proton übrig bleibt.

Abb. 11: Hydrid-Ionen-Transport durch NAD⁺/NADP⁺

medi-learn.de/6-bc1-11

NAD⁺ und NADP⁺ transportieren ein Hydrid-Ion, das vom **Nicotinsäureamid** akzeptiert (aufgenommen/gebunden) wird.

Nach dieser kleinen Schlacht durch die Redoxreaktion nun zu den weiteren Gemeinsamkeiten der beiden Coenzyme:
- NAD⁺ und NADP⁺ sind **lösliche Coenzyme**, d. h. sie werden wie das Substrat vor der Reaktion gebunden, dann reduziert oder oxidiert und schließlich in veränderter Form wieder freigesetzt. Sie sind **NICHT kovalent** an Enzyme gebunden.
- NAD⁺ und NADP⁺ haben das **gleiche Redoxpotenzial** und unterscheiden sich somit nicht in ihrer Anziehungskraft auf Elektronen.
- NAD⁺ und NADP⁺ haben das **gleiche Absorptionsspektrum**. Im oxidierten Zustand absorbieren sie nur Licht bei 260 nm, im reduzierten haben sie ein zweites Absorptionsmaximum bei 340 nm. Konkret bedeutet das: Man kann NAD⁺ von NADP⁺ photometrisch nicht unterscheiden, auch nicht NADH + H⁺ von NADPH + H⁺. Unterscheiden kann man nur die reduzierten von den oxidierten Molekülen, also NADH + H⁺ von NAD⁺ und NADPH + H⁺ von NADP⁺. Diese Eigenschaft wird oft für enzymatische Tests genutzt. Die verantwortliche Komponente für diese Absorptionsänderung ist in erster Linie das Nicotinsäureamid.

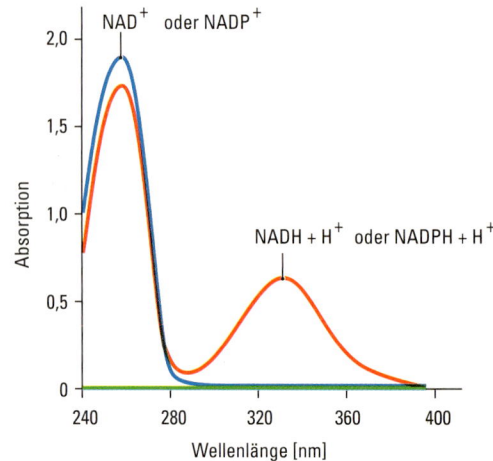

Abb. 12: Absorptionsspektrum von NAD⁺ und NADP⁺

medi-learn.de/6-bc1-12

Merke!

NAD⁺ und NADP⁺
- sind **lösliche** Coenzyme,
- besitzen das gleiche Redoxpotenzial und
- das gleiche Absorptionsspektrum.

1.3.2 Unterteilung der Coenzyme nach Art der übertragenen Gruppen

Übrigens ...
Pellagra ist eine Nicotinamidmangelerkrankung mit den Symptomen:
- **D**emenz,
- **D**ermatitis und
- **D**iarrhoe

Merkhilfe = **DDD**

Zu c) Zum krönenden Abschluss dieses Themas widmen wir uns jetzt noch dem entscheidenden Unterschied zwischen NAD^+ und $NADP^+$. Der besteht darin, dass die beiden Coenzyme von verschiedenen Enzymen/Stoffwechselwegen genutzt werden.

Hinter dieser Tabelle steckt eine Systematik, mit der du dir viel Lernerei ersparen kannst. Wenn du dir die einzelnen Zuständigkeiten mal genau ansiehst, merkst du, dass NAD^+ im katabolen (abbauenden) Stoffwechsel und $NADP^+$ im anabolen (aufbauenden) Stoffwechsel benutzt wird.

NAD^+	$NADP^+$
Glykolyse (bisher gefragt: Glycerinaldehyd-phosphat-Dehydrogenase)	Fettsäuresynthese
Citratzyklus	Cholesterol/Steroidbiosynthese
Atmungskette	Pentosephosphatweg (bisher gefragt: Glucose-6-phosphat-Dehydrogenase)
↓	↓
kataboler Stoffwechsel	anaboler Stoffwechsel

Tab. 1: Unterschiede $NAD^+/NADP^+$

> **Merke!**
> - NAD^+ ist Coenzym des katabolen Stoffwechsels.
> - $NADP^+$ ist Coenzym des anabolen Stoffwechsels.

NADPH ist auch Coenzym der Glutathion-Reduktase für die Reduktion von Glutathiondisulfid.

FMN und FAD. Auch diese Redoxcoenzyme sind oft gesehene Begleiter in der Biochemie und den Physikumsfragen. Daher empfiehlt sich auch hier eine Beschäftigung mit
a) ihrer Struktur und
b) ihren Eigenschaften:

Zu a) Das Grundgerüst von FMN und FAD bildet das Riboflavin, welches dem Vitamin B_2 Komplex angehört.
Wie Abb. 13 zeigt, besteht
- FMN aus Riboflavin + Phosphat,
- FAD aus Riboflavin + Phosphat + AMP, oder anders ausgedrückt
- FAD aus FMN + AMP

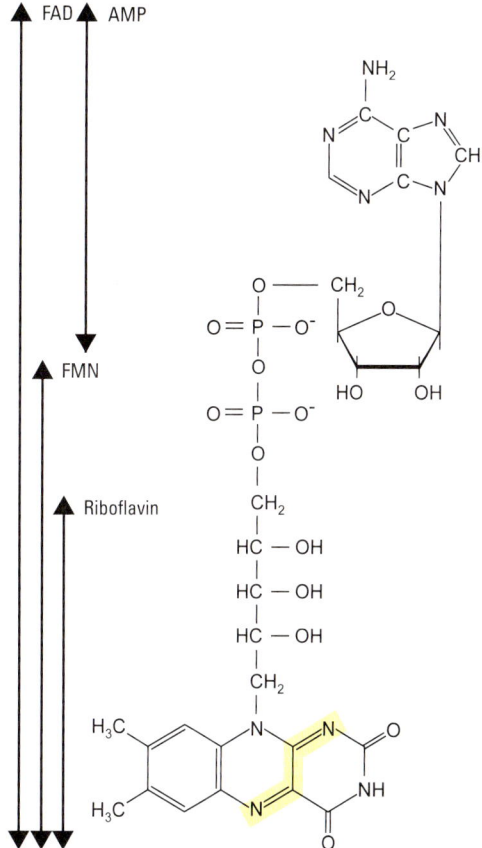

Abb. 13: Struktur von FMN und FAD

medi-learn.de/6-bc1-13

1 Überblick und Grundlagen

FMN enthält **kein AMP** und somit auch **keinen Purinring**.

Zu b) Die wichtigen Eigenschaften dieses Redoxcoenzymsystems sind schnell zusammengefasst:
- FAD und FMN übertragen immer 2 Wasserstoffatome, FAD (FMN) wird bei H_2-Aufnahme zu $FADH_2$ ($FMNH_2$) reduziert.
  $FAD + 2H \rightarrow FADH_2$
- FAD und FMN gehören zu den Flavoproteinen. Sie katalysieren **Redoxreaktionen** wie z. B. oxidative Desaminierungen, Dehydrierungen, Transhydrogenierungen, aber KEINE Transaminierungen und KEINE Hydrolysen.
- FAD und FMN sind **kovalent** an ihre Enzyme gebunden, d. h., dass sie vor, während und nach der Reaktion an ihrem Enzym bleiben und an diesem auch wieder regeneriert werden müssen (s. 1.3.2, S. 6).
- FAD und FMN haben ein positiveres Redoxpotenzial als NAD^+ und $NADP^+$, d. h., dass sie eine größere Anziehungskraft auf Elektronen ausüben als NAD^+ und $NADP^+$. Daher werden $NADH + H^+$ und $NADPH + H^+$ von FAD und FMN oxidiert.

> **Merke!**
> - FAD und FMN sind **prosthetische Gruppen**, die sich nicht von ihrem Enzym lösen können.
> - FAD und FMN transportieren immer 2 H-Atome.

Die übrigen vier Redoxcoenzyme werden nicht explizit gefragt. 
Da sie an manchen Reaktionen aus Kapitel 2, 3, 4 und 5 beteiligt sind, solltest du dir aber ihre Namen und ihre Zugehörigkeit (an welchen Stoffwechselwegen und Reaktionen sie beteiligt sind) merken. Mit diesen Vorkenntnissen ist es wesentlich einfacher, diese Themen zu verstehen, da du dann nicht nur mit neuen Informationen konfrontiert wirst.

Liponsäure (Lipoat). Die Liponsäure spielt in der Biochemie eher eine untergeordnete Rolle. Man sollte jedoch wissen, dass sie
- 2 H überträgt und
- an der oxidativen Decarboxylierung von Pyruvat sowie von α-Ketoglutarat beteiligt ist (s. 2, S. 23).

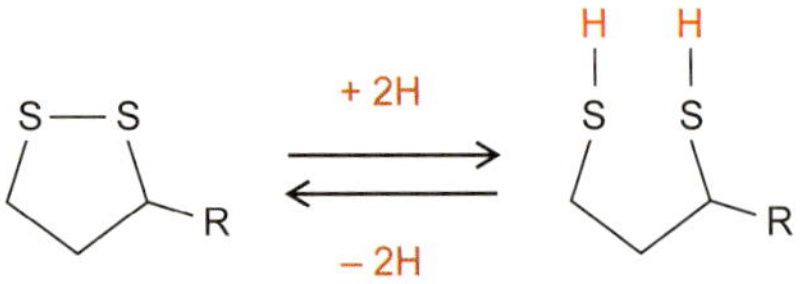

Abb. 15: Liponsäure *medi-learn.de/6-bc1-15*

Um der Verwirrung bei den Begrifflichkeiten vorzubeugen:
Liponsäure ist gleichzusetzen mit dem Begriff Lipoat (Salz der Liponsäure). Die wesentliche

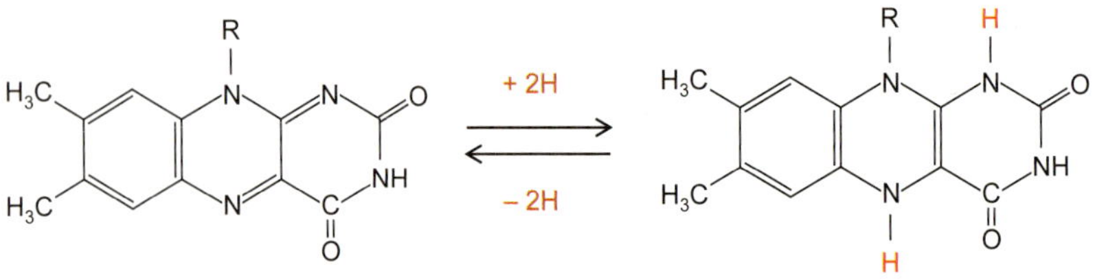

Abb. 14: FMN und FAD: oxidierte und reduzierte Form *medi-learn.de/6-bc1-14*

1.3.2 Unterteilung der Coenzyme nach Art der übertragenen Gruppen

physiologische Funktion besteht in der Beteiligung als Coenzym an der oxidativen Decarboxylierung von α-Ketosäuren. Hierbei hat die Liponsäure jedoch Liponamidform, ist also über eine Säureamidbindung an einen Rest gebunden.

Ubichinon (Coenzym Q). Das Ubichinon ist ein besonderes Coenzym. Es ist nämlich so lipophil, dass es sich in Membranen bewegen kann und damit Redoxäquivalente innerhalb dieser Membranen von einem Punkt zum nächsten transportiert. Ihm kommt eine wichtige Rolle in der Atmungskette zu, wo Ubichinon ebenfalls zwei H-Atome überträgt.

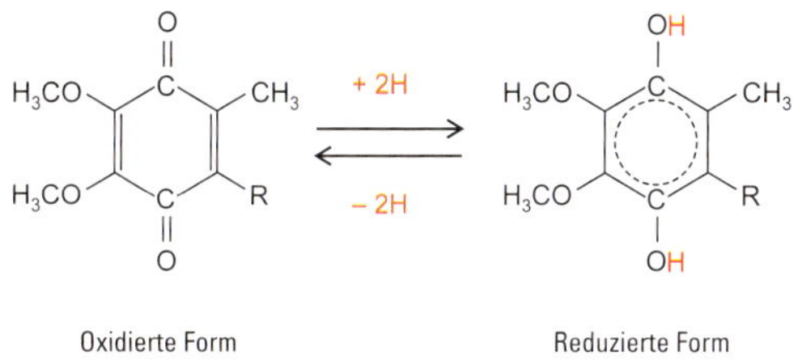

Abb. 16: Ubichinon und Ubichinol

medi-learn.de/6-bc1-16

Ein paar Worte zur Nomenklatur: In Abb. 16 ist links die oxidierte Form = Ubichinon (ein Keton) dargestellt, die durch die Aufnahme von 2 H in die reduzierte Form = Ubichinol (ein Al-

kohol) übergeht. Chemisch gesehen werden dadurch aus den beiden Ketogruppen (C=O) zwei Alkoholgruppen (C–OH).

Als Chinon bezeichnet man nur den Ring mit den beiden Ketogruppen, als Chinol nur den Ring mit den beiden Alkoholgruppen (Grundgerüst). Je nach Rest ergibt sich daraus ein spezielleres Molekül, in Abb. 16 z. B. das Ubichinon/Ubichinol. Der Rest wird durch eine Isoprenoidseitenkette gebildet, die aus mehreren Isopreneinheiten besteht (in s. Abb. 16, S. 11 nicht dargestellt).

Häm. Häm bei den Redoxcoenzymen, hat das nicht eher was mit Blut zu tun? Das ist richtig, aber das Häm ist so ein vielseitiges Molekül, dass es zu schade wäre, ihm nur eine Aufgabe anzutragen.

Häm kann nämlich mit verschiedenen Proteinen assoziiert sein. Je nachdem, mit welcher Proteinstruktur das Häm verbunden ist, entstehen Hämoglobin, Myoglobin oder verschiedene Cytochrome. In den beiden ersten Molekülen hat Häm in der Tat die Funktion eines Sauerstoffträgers, in den Cytochromen ist das Häm jedoch ein Redoxcoenzym. Im Gegensatz zu den vorher besprochenen Redoxcoenzymen überträgt das Häm jedoch **nur ein Elektron.**

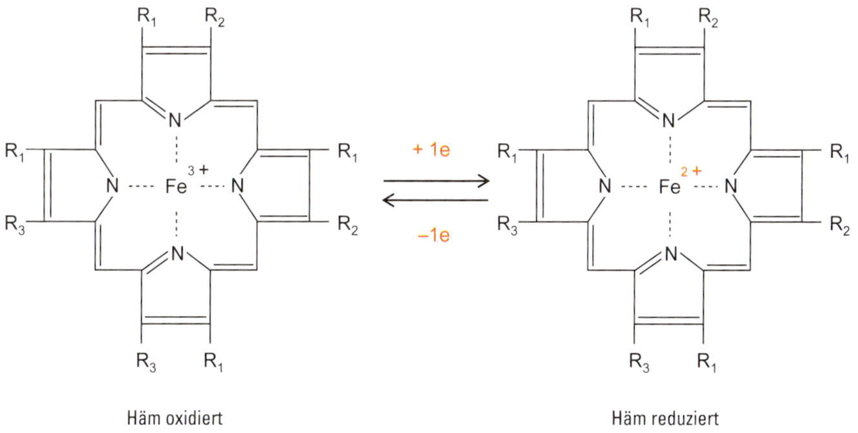

Abb. 17: Häm oxidiert ↔ Häm reduziert

medi-learn.de/6-bc1-17

Bei Aufnahme des Elektrons wird das Eisen-Ion im Häm um eins weniger positiv, es geht von der Fe^{3+}-Form in die Fe^{2+}-Form über.
Auch im Hämoglobin und Myoglobin kann das Häm oxidiert werden und in die Fe^{3+}-Form übergehen. Das Hämoglobin heißt dann Methämoglobin und ist für den Sauerstofftransport unbrauchbar, da es kein O_2 mehr binden kann. Eisen ist das Zentral-Ion des Häm und damit auch der prosthetischen Gruppe der Cytochrome (s. 4, S. 41).

Eisen-Schwefel-Komplexe. Die Eisen-Schwefel-Komplexe sind hier nur der Vollständigkeit halber aufgeführt. Sie spielen in der Atmungskette eine wichtige Rolle und werden auch nur dort gefragt. In diesem Zusammenhang solltest du wissen, an welchen Komplexen der Atmungskette sie beteiligt sind (ab S. 41). Durch Eisen-Schwefel-Komplexe wird ebenfalls **nur ein Elektron** übertragen.

> **Übrigens …**
> Die Eisen-Schwefel-Komplexe werden im Physikum gerne mit dem Oberbegriff „proteingebundenes Eisen in Nicht-Häm-Form" bezeichnet.

Zusammenfassung: Redoxcoenzyme. Um den Überblick nicht zu verlieren, ist hier das Wichtigste in Tabellenform aufgeführt.

Bitte keine Panik, die Tabelle muss nicht auswendig gelernt werden. Wenn du das Coenzym und das von ihm übertragene Redoxäquivalent kennst, kannst du dir den Rest ableiten.

Gruppenübertragende Coenzyme

Dies ist die zweite wichtige Gruppe der Coenzyme. Über das Transportgut der Redoxcoenzyme können sie nur lachen: Die zu transportierende Last der gruppenübertragenden Coenzyme aus chemischen Gruppen (z. B. Alkylreste, Aminogruppen) ist doch wesentlich größer als die kleinen Elektrönchen, Hydrid-Ionen oder H-Atome der Redoxcoenzyme.

> **Merke!**
> Gruppenübertragende Coenzyme sind Coenzyme, die im Gegensatz zu den Redoxcoenzymen keine Elektronen oder Atome, sondern ganze Gruppen übertragen (z. B. Phosphorsäurereste, Acetylreste).

> **Übrigens …**
> Die gruppenübertragenden Coenzyme sind schwer beladen. Man könnte sie gut mit LKWs vergleichen: Für größeres Transportgut braucht man auch große Transportmittel.

Coenzym	ox. Zustand	red. Zustand	Redoxäquivalente	Abk.
NAD	NAD^+	NADH	Hydridion	H^-
NADP	$NADP^+$	NADPH	Hydridion	H^-
FAD	FAD	$FADH_2$	Wasserstoffatome	2H
FMN	FMN	$FMNH_2$	Wasserstoffatome	2H
Liponamid	Liponamid	Liponamid2H	Wasserstoffatome	2H
Ubichinon	Ubichinon	Ubichinol	Wasserstoffatome	2H
Häm	$Häm^{3+}$	$Häm^{2+}$	Elektronen	e^-
Eisen-Schwefel-Komplexe	$[4Fe-4S]^{3+}$	$[4Fe-4S]^{2+}$	Elektronen	e^-

Tab. 2: Übersicht Redoxcoenzyme

1.3.2 Unterteilung der Coenzyme nach Art der übertragenen Gruppen

Die drei Coenzyme, die in diesem Abschnitt prüfungsrelevant sind, dürften dir schon hinreichend bekannt sein. Jetzt geht es nämlich um
- ATP,
- Coenzym A und
- Thiaminpyrophosphat (= Thiamindiphosphat).

ATP (Adenosintriphosphat). An diesem Molekül gibt es wirklich kein Vorbeikommen. Denn ATP spielt nicht nur als „Währung" im Energiestoffwechsel DIE entscheidende Rolle, sondern ist auch essenzieller Baustein von DNA und RNA.

Das Thema ATP ist zwar wieder ein bisschen chemielastiger, aber dennoch zu meistern, zumal es für dich ein „alter Hut" sein könnte, denn ATP ist vielen noch aus der Schule bekannt. Beginnen wir also mit dem Aufbau des Moleküls (s. Abb. 18).

ATP bedeutet Adenosintriphosphat

Adenosin + 3 Phosphorsäurereste

Adenin + Ribose + 3 Phosphorsäurereste

Die drei Phosphorsäurereste werden dabei nacheinander an das Nucleosid Adenosin gehängt:

Adenosin + P → AMP (Adenosinmonophosphat)
AMP + P → ADP (Adenosindiphosphat)
ADP + P → ATP (Adenosintriphosphat)

Die genaue Kenntnis der Struktur von ATP ist fürs Physikum einfach ein Muss.
Die Bindungen zwischen den Phosphorsäureresten bilden eine besonders wichtige Strukturkomponente des ATP: **Es sind energiereiche Säureanhydridbindungen.**

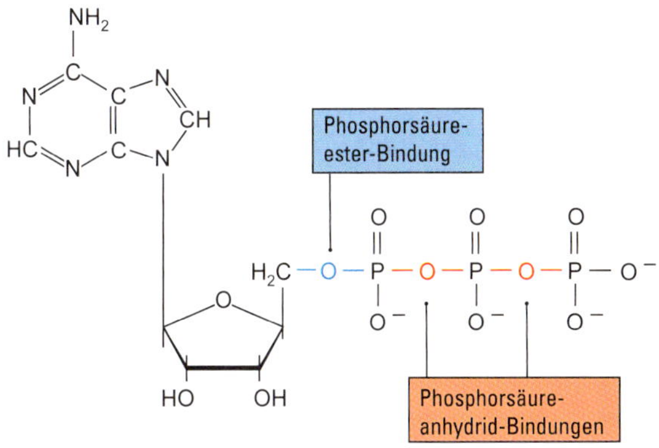

Abb. 18: ATP-Molekül

1 Überblick und Grundlagen

Säureanhydridbindungen sind Verbindungen zwischen zwei Säuren (entstehen durch H₂O-Abspaltung) und besonders **energiereich**. Hier liegt das Geheimnis begraben, weshalb ATP so energiereich ist, und somit auch die Begründung für seine Rolle als universelle Energiewährung im Stoffwechsel.

Doch was genau macht ATP? Diese Frage lässt sich ganz kurz beantworten: ATP überträgt Phosphorsäurereste. Dabei wird durch die Abspaltung der Phosphorsäurereste – also das Spalten der energiereichen Säureanhydridbindungen – Energie frei (exergone Reaktion, s. 1.2, S. 4). Diese freie Energie kann von energieverbrauchenden (endergonen, s. 1.2, S. 4) Reaktionen genutzt werden.

Durch das **Spalten der Säureanhydridbindungen** des ATP können in der Zelle **endergone Reaktionen** (z. B. Synthesen) ablaufen.

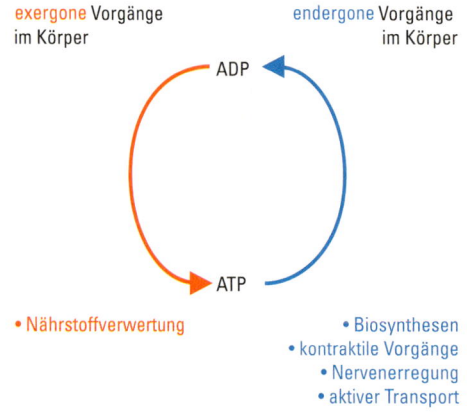

Abb. 19: ATP im Zentrum des Energiestoffwechsels

medi-learn.de/6-bc1-19

Coenzym A. Auch das zweite, hier vorgestellte gruppenübertragende Coenzym ist unumgänglich.

Coenzym A ist zwar etwas komplizierter aufgebaut, aber die exakte Struktur ist nicht physikumsrelevant. Wohl jedoch seine Bausteine: Du solltest dir merken, dass ein Teil des Coenzym A aus Cysteamin und Panthothensäure gebildet wird. Diese beiden Moleküle bilden dann zusammen das Pantethein. Durch das Cysteamin trägt das Coenzym A an einem Ende eine SH-Gruppe. Sie ist wichtig für die Aktivierung der Fettsäuren.

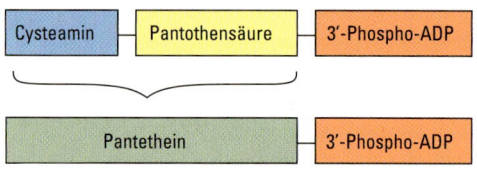

Coenzym A transportiert Acyl-Reste (Fettsäurereste = Kohlenwasserstoffketten), die allein zu träge für Reaktionen sind.

Hier zur Erinnerung noch mal die Darstellung einer Fettsäure:

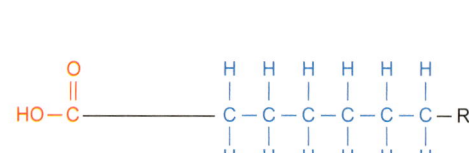

Abb. 20 a: Struktur einer Fettsäure

medi-learn.de/6-bc1-20a

Durch Knüpfen einer **energiereichen Thioesterbindung** zwischen der Carboxylgruppe (COOH) des Acyls und der SH-Gruppe des Cysteamins werden die Fettsäuren aktiviert. Der genaue Aktivierungsmechanismus soll hier keine Rolle spielen.

Ähnlich wie beim ATP kann die Spaltung (exergon) dieser Thioesterbindung gekoppelte endergone Reaktionen ermöglichen.

1.3.2 Unterteilung der Coenzyme nach Art der übertragenen Gruppen

> **Merke!**
>
> Coenzym A
> - enthält als Bausteine **Pantothensäure und Cysteamin**, die zusammen das Pantethein bilden.
> - bildet mit Fettsäuren **energiereiche Thioesterbindungen**.
> - ist unter anderem beteiligt an der Biosynthese von Fettsäuren, Acetoacetat (Ketonkörper) und Cholesterin (Cholesterol).
> - ist beteiligt an der oxidativen Decarboxylierung von α-Ketosäuren (s. 2, S. 23).

Um einer möglichen Verwirrung vorzubeugen, sei hier noch einmal kurz der Unterschied zwischen Acetyl-CoA und Acyl-CoA herausgestellt.
- Ist eine Fettsäure (Carbonsäure, Länge ab 4 C-Atomen) an CoA gebunden, nennt man diese Verbindung Acyl-CoA.

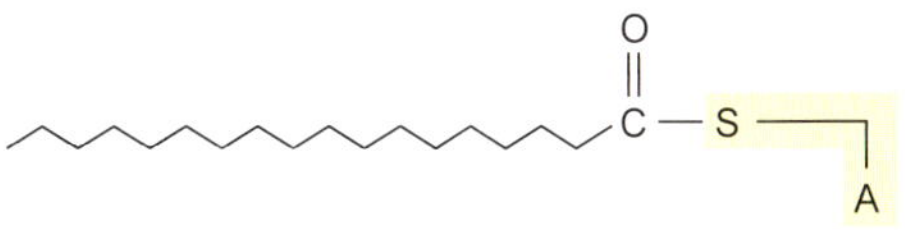

Abb. 20 b: Fettsäure + CoA = Acyl CoA

medi-learn.de/6-bc1-20b

- Ist Essigsäure (Carbonsäure mit 2 C-Atomen) an CoA gebunden, nennt man diese Verbindung Acetyl CoA.

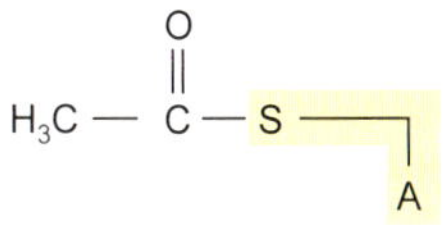

Abb. 20 c: Essigsäure + CoA = Acetyl CoA

medi-learn.de/6-bc1-20c

Thiaminpyrophosphat (= Thiamindiphosphat). Der Marathon durch die Coenzyme hat bald ein Ende, aber etwas Wissenswertes gibt es noch: das Thiaminpyrophosphat.

Synthetisiert wird dieses gruppenübertragende Coenzym aus **Thiamin (Vitamin B$_1$)** und seine Aufgabe ist die Übertragung von Hydroxyalkylresten (Alkylrest mit OH-Gruppe). Das Thiamin selbst besteht aus zwei Ringsystemen, die miteinander verbundenen sind: einem Pyrimidinring (in Abb. 21 dargestellt) und einem Thiazolring (der rechte Ring in Abb. 21 mit dem Schwefelatom).

Thiaminpyrophosphat ist das Coenzym der
- **oxidativen Decarboxylierung von α-Ketosäuren**
  • bei der Pyruvatdehydrogenasereaktion, s. 2.1, S. 23 (Enzym = Pyruvatdehydrogenase)
  • im Citratzyklus, s. 3.1.1, S. 29 (Enzym = α-Ketoglutaratdehydrogenase)
- Transketolase (im Pentosephosphatweg)

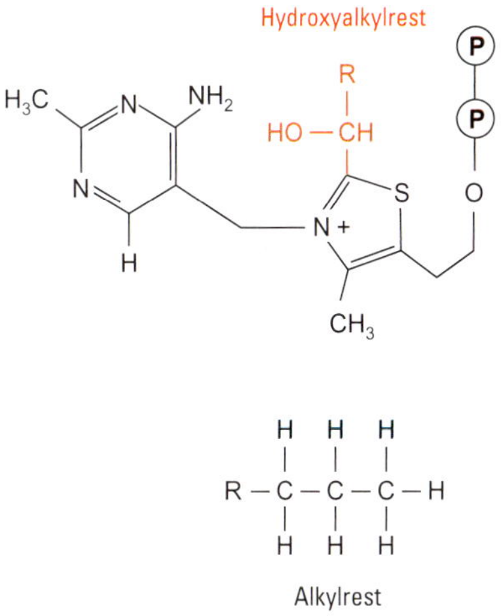

Abb. 21: Thiaminpyrophosphat

medi-learn.de/6-bc1-21

Übrigens ...
- Bei Vitamin B$_1$-Mangel (Thiaminmangel) kommt es zu einer Störung der Pyruvatverwertung.
- Beriberi ist eine Erkrankung mit u. a. neurologischen Symptomen, die in einigen Gebieten der Erde immer noch auftritt und deren Ursache Thiaminmangel ist.

1 Überblick und Grundlagen

1.4 Ein paar Geheimnisse aus dem mitochondrialen Leben

Warum wird das Mitochondrium besprochen, obwohl das Thema biologische Oxidation doch eigentlich nichts mit den Zellorganellen zu tun hat? Na ja, irgendwo muss dieser Prozess stattfinden. Und wo sollte es anders sein, als in der Zellorganelle, die als das Kraftwerk der Zelle bezeichnet wird …

1.4.1 Stoffwechselwege im Mitochondrium

Die Begründung für die Bezeichnung „Kraftwerk der Zelle" fällt nicht schwer. Auch wenn man sich darüber wundert, in diesem kleinen Zellkompartiment ist richtig was los!

> **Merke!**
>
> Im Mitochondrium laufen folgende Stoffwechselwege ab:
> – β-Oxidation der Fettsäuren,
> – Ketonkörperbildung,
> – Harnstoffzyklus (teilweise),
> – Porphyrinsynthese,
> – Citratzyklus und
> – Atmungskette.
> Im Mitochondrium findet dagegen NICHT statt:
> – Glykolyse und
> – Pentosephosphatweg.
> Diese befinden sich im Zytosol. Im Mitochondrium befinden sich somit auch keine Enzyme für diese Stoffwechselprozesse.

1.4.2 Transportsysteme

Ganz so einfach lässt sich das Mitochondrium von den Stoffwechselprodukten jedoch nicht um den Finger wickeln. Der Eintritt ins Kraftwerk ist nämlich erschwert. Aber wer so viele wertvolle Schätze beherbergt, muss sich eben ein bisschen verbarrikadieren.

Anders gesagt: Die **innere Mitochondrienmembran** ist für viele Stoffe nicht durchlässig. Zu den Stoffen, für die das Mitochondrium KEIN spezifisches Transportsystem besitzt, gehören
– Wasserstoffatome (in Form von NADH + H$^+$),
– Acetyl-CoA,
– Acyl-CoA und
– Oxalacetat.
Sie enthält jedoch spezifische Transportsysteme für die Moleküle
– ATP,
– Phosphat,
– Pyruvat,
– Malat,
– α-Ketoglutarat
– Aspartat und
– Citrat.

> **Merke!**
>
> Die innere Mitochondrienmembran enthält **KEINE spezifischen Transportsysteme für NADH + H$^+$**. Diese befinden sich im Zytosol. Im Mitochondrium befinden sich somit keine Enzyme für diese Stoffwechselwege.

Mitochondrien sind von zwei Membranen umgeben. Die äußere Mitochondrienmembran ist jedoch sehr durchlässig und stellt daher für die hier besprochenen Stoffe kein Hindernis dar. Die Stoffe, für die die innere Membran undurchlässig ist, werden aber im Mitochondrium benötigt. Daher haben die Mitochondrien eine Umwegsstrategie entwickelt: Moleküle, die gebraucht werden, aber die innere Mitochondrienmembran nicht passieren können, werden zuvor in eine transportable Form umgewandelt.

1.4.2 Transportsysteme

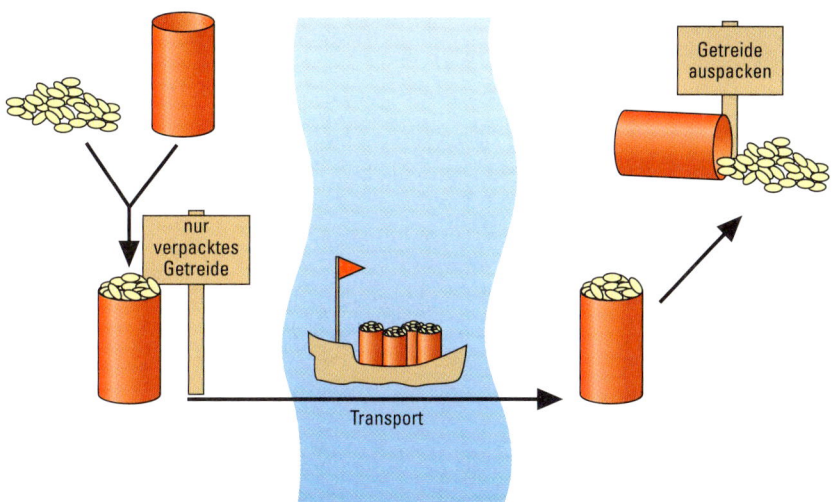

Abb. 22: Umwegsstrategie, veranschaulicht

medi-learn.de/6-bc1-22

Die Umwegsstrategie des Mitochondriums kannst du dir anhand eines Modells ganz leicht veranschaulichen:

Stelle dir einen Fluss vor, der nur von einem Schiff überquert werden kann. Ziel ist es, Getreide auf die andere Flussseite zu bringen. Da das Schiff aber nur verpacktes Getreide annimmt, muss es vorher in Tonnen gefüllt werden. Das Getreide wird nun in Tonnen über den Fluss gebracht und auf der anderen Uferseite wieder ausgeschüttet. Damit ist es in seiner ursprünglichen Form am Zielort angelangt. Dem gleichen Prinzip folgt das Mitochondrium: Um auf die Innenseite der Membran zu gelangen, müssen sich die Moleküle in eine andere Form umwandeln lassen. Nur so können sie durch die Membran transportiert werden. Im Mitochondrium werden sie dann wieder in ihre ursprüngliche Form gebracht.

Jedes Molekül hat sein eigenes Transportsystem (s. Tab. 3, S. 17). Wichtig für das Thema biologische Oxidation ist vor allem der Transport der Wasserstoffatome, der gleich noch genauer besprochen wird.

Substrat ohne spezifisches Transportsystem	zuständiger Transporter
Wasserstoffatome	Malat-Shuttle, Glycerophosphat-Shuttle
Acetyl-CoA	Citrat-Shuttle
Acyl-CoA	Carnitin-Shuttle
Oxalacetat	Malat-Shuttle

Tab. 3: Mitochondriale Transportsysteme

Malat-Aspartat-Shuttle

Dieser Shuttle ist zuständig für den Transport von Wasserstoffatomen über die innere Mitochondrienmembran. Auch wenn er auf den ersten Blick etwas unübersichtlich erscheint, die Grafik (und damit auch der Shuttle) bekommt schnell Klarheit, wenn man den Zyklus einfach mal durchspielt:

Ziel ist es, die Wasserstoffatome auf die andere Seite zu transportieren. Begonnen wird mit der
1. Oxidation von NADH + H$^+$, wobei gleichzeitig Oxalacetat zu Malat reduziert wird (Enzym = Malatdehydrogenase zytosol.).

1 Überblick und Grundlagen

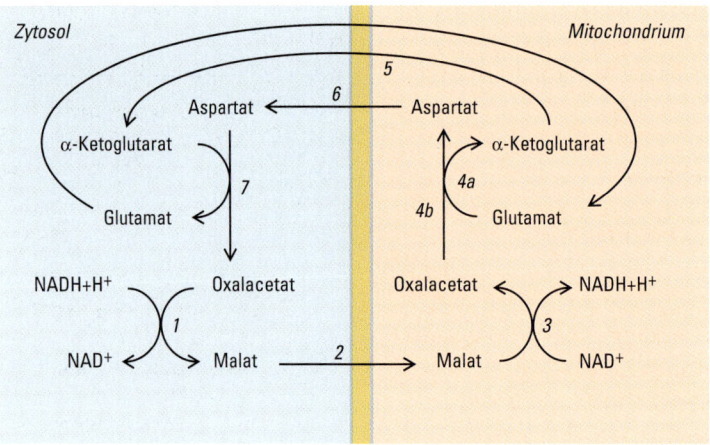

Abb. 23: Malat-Aspartat-Shuttle *medi-learn.de/6-bc1-23*

2. Malat überquert mit dem Shuttle im Austausch mit α-Ketoglutarat die innere Mitochondrienmembran.
3. Im Mitochondrium findet nun die Rückführung von Schritt 1 statt, also die Reduktion von NAD^+ zu $NADH + H^+$, verbunden mit der Oxidation von Malat zu Oxalacetat (Enzym = Malatdehydrogenase mitoch.).

Der Transport von Wasserstoffatomen ins Mitochondrium ist damit schon abgeschlossen. Nun geht es um den Abtransport des Oxalacetats, das die innere Mitochondrienmembran nicht passieren kann. Dazu wird transaminiert:

4. NH_3 wird von Glutamat auf Oxalacetat übertragen, wodurch Glutamat zu α-Ketoglutarat desaminiert und gleichzeitig die frei werdende NH_3-Gruppe auf Oxalacetat übertragen wird, aus dem so Aspartat entsteht (Enzym: GOT = AST).
5. α-Ketoglutarat kann die innere Mitochondrienmembran überqueren.
6. Aspartat kann die innere Mitochondrienmembran überqueren.
7. Im Zytosol wird die Transaminierung wieder auf dem gleichen Weg rückgängig gemacht. Der Zyklus kann von Neuem beginnen.

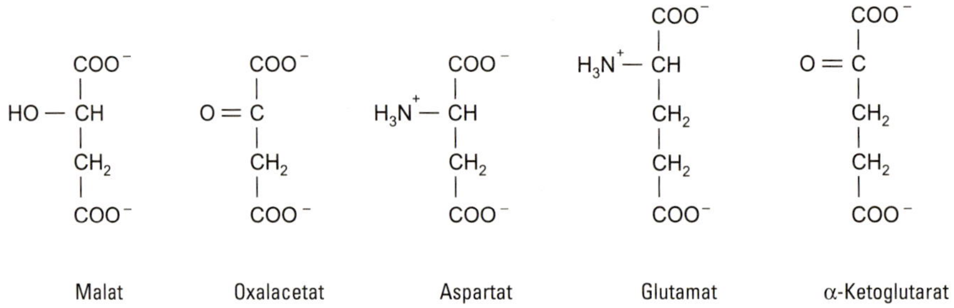

Abb. 24: Malat-Aspartat-Shuttle, beteiligte Moleküle *medi-learn.de/6-bc1-24*

1.4.2 Transportsysteme

Falls du die einzelnen Übertragungsreaktionen genau nachvollziehen möchtest, sind hier die Moleküle mit Strukturformel aufgeführt:
Die Malatdehydrogenase kommt sowohl in den Mitochondrien als auch im Zytosol vor.

Glycerophosphat-Shuttle

Auch dieser Shuttle dient dem Transport von Wasserstoffatomen. Dabei wird
1. NADH + H$^+$ oxidiert, die entstehenden Wasserstoffatome werden durch die zytoplasmatische Glycerophosphatdehydrogenase auf Dihydroxyacetonphosphat übertragen, wodurch α-Glycerophosphat entsteht.
2. An der Außenseite der inneren Mitochondrienmembran ist die mitochondriale Glycerophosphatdehydrogenase gebunden, die α-Glycerophosphat wieder zu Dihydroxyacetonphosphat oxidiert. Die dabei freiwerdenden Wasserstoffatome werden auf **FAD** übertragen, wodurch FADH$_2$ entsteht. Dieses fließt sofort in die Atmungskette.

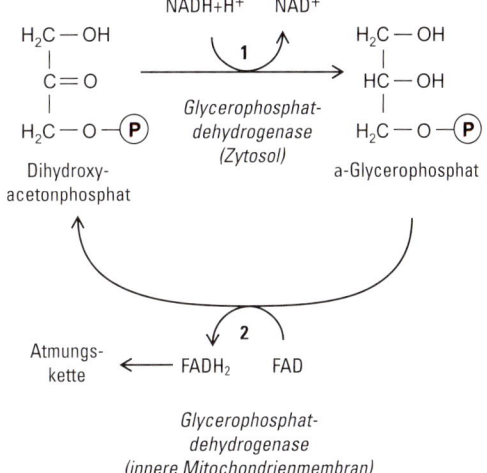

Abb. 25: Glycerophosphat-Shuttle

medi-learn.de/6-bc1-25

Bei diesem Shuttle findet keine Elektronenüberquerung der inneren Mitochondrienmembran statt.

Merke!

Die mitochondriale Glycerophosphatdehydrogenase bildet **FADH$_2$**.

DAS BRINGT PUNKTE

Aus dem Bereich **Grundlagen** solltest du dir unbedingt merken, dass
- NAD^+ und $NADP^+$
  - aus Nicotinsäure/Nicotinamid (Niacin) und die wiederum aus Tryptophan synthetisiert werden können, sowie einen Pyridinring als Grundgerüst heben,
  - ein Hydrid-Ion transportieren, das von Nicotinamid akzeptiert wird,
  - lösliche Coenzyme sind.
  - NAD^+ Coenzym des katabolen Stoffwechsels ist und
  - $NADP^+$ Coenzym des anabolen Stoffwechsels ist.
- FAD und FMN
  - prosthetische Gruppen sind und
  - 2H übertragen.
- Coenzym A
  - als Baustein Pantothensäure und Cysteamin hat, die zusammen das Pantethein bilden und
  - an der oxidativen Decarboxylierung von α-Ketosäuren beteiligt ist.
  - Thiaminpyrophosphat Coenzym ist bei der
  - oxidativen Decarboxylierung von α-Ketosäuren und
  - Transketolase (im Pentosephosphatweg).
- das Mitochondrium u. a. folgende Stoffwechselkreisläufe beherbergt:
  - β-Oxidation der Fettsäuren,
  - Ketonkörperbildung,
  - Harnstoffzyclus (teilweise),
  - Porphyrinsynthese,
  - Citratzyklus und
  - Atmungskette.
- die innere Mitochondrienmembran KEINE spezifischen Transportsysteme für $NADH + H^+$ enthält.
- auf der mitochondrialen Seite durch die mitochondriale Glycerophosphatdehydrogenase $FADH_2$ gebildet wird.

FÜRS MÜNDLICHE

In der mündlichen Prüfung werden häufig nachfolgende Fragen gestellt:

1. Bitte erläutern Sie, was exergone, was endergone Reaktionen sind. Wieso ist so etwas wichtig für die Biochemie?

2. Was sind Coenzyme? Definieren Sie bitte den Begriff, klassifizieren Sie diese und nennen Sie mir jeweils ein Beispiel.

3. Bitte erklären Sie, welche Stoffwechselwege im Mitochondrium stattfinden.

4. Welche Wege kennen Sie, um Wasserstoffatome über die innere Mitochondrienmembran zu transportieren?

5. Stichwort ATP, wie heißt das Molekül ausgeschrieben? Welche Rolle spielt es für den Stoffwechsel?

6. Wie ist der Aufbau von Adenosintriphosphat?

7. Wo wird ATP gebildet?

8. Welche Rolle spielt NADPH im Stoffwechsel?

9. Wo entsteht NADH im Stoffwechsel?

FÜRS MÜNDLICHE

1. Bitte erläutern Sie, was exergone, was endergone Reaktionen sind. Wieso ist so etwas wichtig für die Biochemie?
Exergone Reaktionen sind Reaktionen, die Energie freisetzen, endergone Reaktionen sind solche, die Energie verbrauchen. Durch die Kopplung einer exergonen mit einer endergonen Reaktion ist der Ablauf von endergonen Reaktionen erst möglich. Auch in der Zelle ist dieser Zusammenhang wichtig: Nur durch die Spaltung von energiereichen Bindungen sind energieverbrauchende Prozesse wie z. B. die Proteinsynthese überhaupt möglich.

2. Was sind Coenzyme? Definieren Sie bitte den Begriff, klassifizieren Sie diese und nennen Sie mir jeweils ein Beispiel.
Coenzyme sind Hilfsmoleküle, die übertragene Gruppen vorübergehend übernehmen. Man kann lösliche Coenzyme und fest gebundene Coenzyme (prosthetische Gruppen) unterscheiden. Lösliche Coenzyme wie das NAD^+ und $NADP^+$ oder auch Ubichinon werden wie das Substrat gebunden, umgesetzt und anschließend wieder gelöst. Prosthetische Gruppen, wie das FAD und FMN oder auch Häm, bleiben fest am Enzym gebunden. Darüber hinaus kann man die Coenzyme noch in Redoxcoenzyme und gruppenübertragene Coenzyme unterteilen.

3. Bitte erklären Sie, welche Stoffwechselwege im Mitochondrium stattfinden.
β-Oxidation der Fettsäuren, Ketonkörperbildung, Harnstoffzyklus (teilweise), Porphyrinsynthese, Citratzyklus, Atmungskette.

4. Welche Wege kennen Sie, um Wasserstoffatome über die innere Mitochondrienmembran zu transportieren?
Es gibt zwei Wege, um Wasserstoffatome über die innere Mitochondrienmembran zu transportieren: Den Malat-Shuttle und den Glycerophosphat-Shuttle. Beim Malat-Shuttle wird $NADH + H^+$ im Zytosol oxidiert und die Redoxäquivalente auf Oxalacetat übertragen. Dadurch wird Oxalacetat zu Malat reduziert. Malat kann die innere Mitochondrienmembran passieren und überträgt die Wasserstoffatome wieder auf NAD^+.

5. Stichwort ATP, wie heißt das Molekül ausgeschrieben? Welche Rolle spielt es für den Stoffwechsel?
ATP bedeutet Adenosintriphosphat. Dieses Molekül hat eine besondere Rolle im Stoffwechsel, da es über energiereiche Phosphorsäureanhydridbindungen verfügt. Bei Bedarf können diese gespalten werden, sodass Energie für z. B. Synthesen in der Zelle zur Verfügung steht.

6. Wie ist der Aufbau von Adenosintriphosphat?
Adenosintriphosphat besteht aus dem Nucleosid Adenosin, deren 5´OH-Gruppe mit einer Kette aus drei Phosphat-Resten verknüpft ist. Zwischen der Ribose und dem „1." Phosphat der Kette ist eine Phophorsäureesterbindung, wohingegen die Phosphate untereinander über Phosphorsäureanhydridbindungen miteinander verknüpft sind.

7. Wo wird ATP gebildet?
ATP entsteht z. B. in der Glykolyse, in der Atmungskette und z. B. im Muskel durch die Kreatinkinase. Im Citratzyklus entsteht GTP.

8. Welche Rolle spielt NADPH im Stoffwechsel?
NADPH gehört zur Gruppe der Redoxcoenzyme. Es überträgt ein Hydrid-Ion. Im Gegensatz zu NADH spielt NADPH im anabolen Stoffwechsel eine wichtige Rolle, z. B. bei der Fettsäuresynthese, bei der Cholesterol-/Steroidsynthese und beim Pentosephosphatweg.

9. Wo entsteht NADH im Stoffwechsel?
NADH entsteht in der Glykolyse, in der Pyruvatdehydrogenasereaktion, im Citratzyklus und in der Atmungskette.

Mehr Cartoons unter www.medi-learn.de/cartoons

Pause

Erstmal 10 Minuten Pause! Hier was zum
Grinsen für Zwischendurch ...

2 Pyruvatdehydrogenasereaktion (PDH)

 Fragen in den letzten 10 Examen: 6

Jetzt ist es endlich soweit: Die Grundlagen sind bewältigt und es geht ans Eingemachte. Den Anfang bildet die Pyruvatdehydrogenasereaktion. Bevor du dich jetzt mitten in die Reaktion stürzt, solltest du dir noch mal zwei Minuten Zeit nehmen und einen Blick auf die Übersichtsgrafik (s. Abb. 1, S. 1) werfen: Die Pyruvatdehydrogenasereaktion liegt direkt hinter der Glykolyse auf dem Kohlenhydratweg und, wie der Name schon vermuten lässt, ist ihr Startmolekül das Pyruvat. Hinter der Pyruvatdehydrogenasereaktion steht das Acetyl-CoA, welches in den Citratzyklus einfließt.

Die Pyruvatdehydrogenasereaktion führt also vom Pyruvat zum Acetyl-CoA. Diese Reaktion findet im **Mitochondrium** statt, ist **irreversibel** und wird katalysiert durch einen **Multienzymkomplex** (Pyruvatdehydrogenase, PDH) aus Enzymen und folgenden Coenzymen:

Coenzym	Merkspruch
Thiaminpyrophosphat	**T**iere
Liponamid	**li**eben
CoA	**Co**la und
FAD	**fa**ntastische
NAD⁺	**Na**hrung

Tab. 4: Coenzyme der PDH

Das Schöne an diesem Merkspruch ist, dass er auch gleichzeitig die Reihenfolge berücksichtigt, in denen die Coenzyme in der Reaktionskette gebraucht werden.

Merke!

Die Pyruvatdehydrogenasereaktion
- führt vom Pyruvat zum Acetyl-CoA,
- ist irreversibel und
- wird durch einen Multienzymkomplex katalysiert.

2.1 Ablauf der Pyruvatdehydrogenasereaktion

Um die Pyruvatdehydrogenasereaktion etwas zu systematisieren, kannst du sie gedanklich in drei Abschnitte unterteilen:
1. Pyruvat (C_3-Körper) wird decarboxyliert CO_2 wird frei und es entsteht ein C_2-Rest.
2. der C_2-Rest wird auf CoA übertragen, wodurch Acetyl-CoA entsteht.
3. die von der Reaktion genutzten Coenzyme werden regeneriert.

2.1.1 PDH-Reaktion Teil 1: Decarboxylierung

Die Decarboxylierung erfolgt in zwei Teilschritten:
1. Pyruvat wird an Thiaminpyrophosphat gebunden und
2. Pyruvat wird decarboxyliert.

Übrig bleibt ein C_2-Körper am Thiaminpyrophosphat, genauer: ein an Thiaminpyrophosphat gebundenes Acetaldehyd.

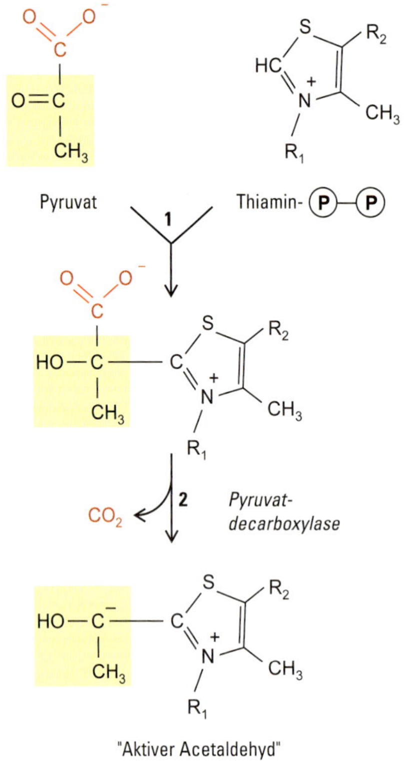

2 Pyruvatdehydrogenasereaktion (PDH)

Abb. 26: Pyruvatdehydrogenasereaktion Teil 1

medi-learn.de/6-bc1-26

2.1.2 PDH-Reaktion Teil 2: CoA-Anhängung

Auch das Anhängen von CoA benötigt zwei Schritte:
1. Der C_2-Körper wird von Liponamid übernommen und dabei dehydriert, wodurch ein Acetyl-Rest entsteht, genauer: ein mit Liponamid verestertes Acetat.
2. Der Acetyl-Rest wird auf CoA übertragen und es entsteht Acetyl-CoA. Wie in 1.3.2, S. 6 bereits erklärt, ist dies ein energiereicher Thioester.

Die Liponsäure liegt jetzt im reduzierten (hydrierten) Zustand als Dihydroliponamid vor.

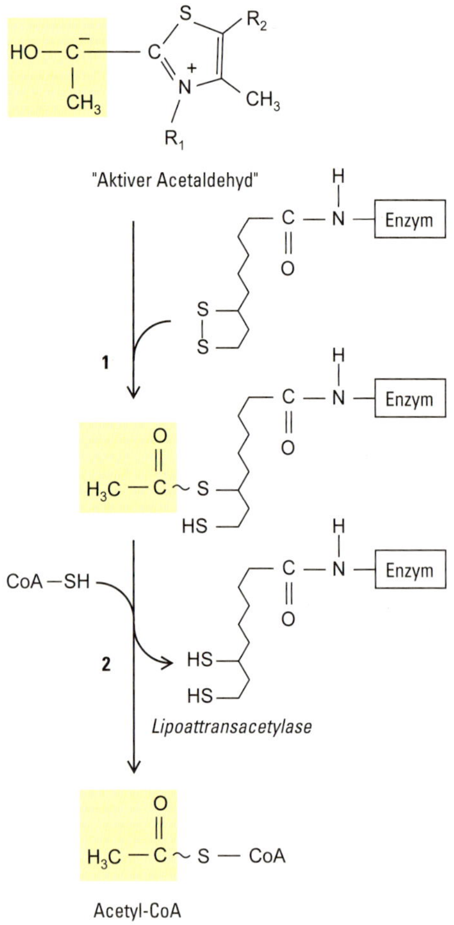

Abb. 27: Pyruvatdehydrogenasereaktion Teil 2

medi-learn.de/6-bc1-27

2.1.3 PDH-Reaktion Teil 3: Regeneration der Coenzyme

Und wie sollte es anders sein, auch dieser Teil enthält zwei Schritte:
1. Dihydroliponamid wird durch FAD zu Liponsäure oxidiert (dehydriert).
2. $FADH_2$ wird durch NAD oxidiert. Es entsteht $NADH + H^+$.

2.1.4 Gesamtablauf der PDH-Reaktion

Abb. 28: Pyruvatdehydrogenasereaktion Teil 3

Eigentlich solltest du an dieser Stelle stutzen. FAD hat nämlich ein positiveres Redoxpotenzial (s. S. 10) als NAD^+ und ist daher normalerweise NICHT in der Lage, NAD^+ zu NADH und H^+ zu reduzieren. Der Grund, warum es hier dennoch geht, ist das FAD-tragende Enzym selbst: Die Dihydrolipoamid-Dehydrogenase hat ein negativeres Redoxpotenzial als das NAD^+/NADH und kann folglich etwas, was die anderen FAD-Enzyme nicht können: Sie reduziert NAD^+ mit $FADH_2$.

2.1.4 Gesamtablauf der PDH-Reaktion

Nach der Besprechung der Pyruvatdehydrogenasereaktion kommen ihre Reaktionen nun der besseren Übersicht zuliebe noch mal komplett zum Lernen:

1. Pyruvat wird an Thiaminpyrophosphat gebunden.
2. Es folgt eine Decarboxylierung.
3. Der C_2-Körper wird an Liponsäure gebunden und dabei zu einem Acetyl-Rest oxidiert.
4. Der Acetyl-Rest wird an CoA gebunden.
5. Dihydrolipoamid wird durch FAD oxidiert.
6. $FADH_2$ wird durch NAD^+ oxidiert.

Folgende Fakten solltest du dir unbedingt merken:
- Pyruvat + CoA + NAD^+ reagieren zu Acetyl-CoA + CO_2 + NADH + H^+.
- Thiaminpyrophosphat wird unbedingt gebraucht; bei Vitamin B_1-Mangel kommt es daher zu einer Störung der Pyruvatverwertung.
- CoA ist ebenfalls essenziell.
- **$FADH_2$ kann ausnahmsweise mit NAD^+ regeneriert** werden (es werden beide Coenzyme benötigt).
- Die Pyruvatdehydrogenasereaktion ist **irreversibel**.

Die Pyruvatdehydrogenasereaktion hat noch einen Zweitnamen: Pyruvat ist eine α-Ketosäure und in dieser Reaktion finden eine Dehydrierung (Oxidation) und eine Decarboxylierung statt. Daher lautet der Zweitname: Oxidative Decarboxylierung von α-Ketosäuren, oder auch noch genauer: Dehydrierende Decarboxylierung von α-Ketosäuren. Dieser Begriff ist allgemeiner und umfasst z. B. auch die Decarboxylierung von α-Ketoglutarat, die im Citratzyklus eine wichtige Rolle spielt und die gleichen Coenzyme benötigt (s. 3.1.1, S. 29).

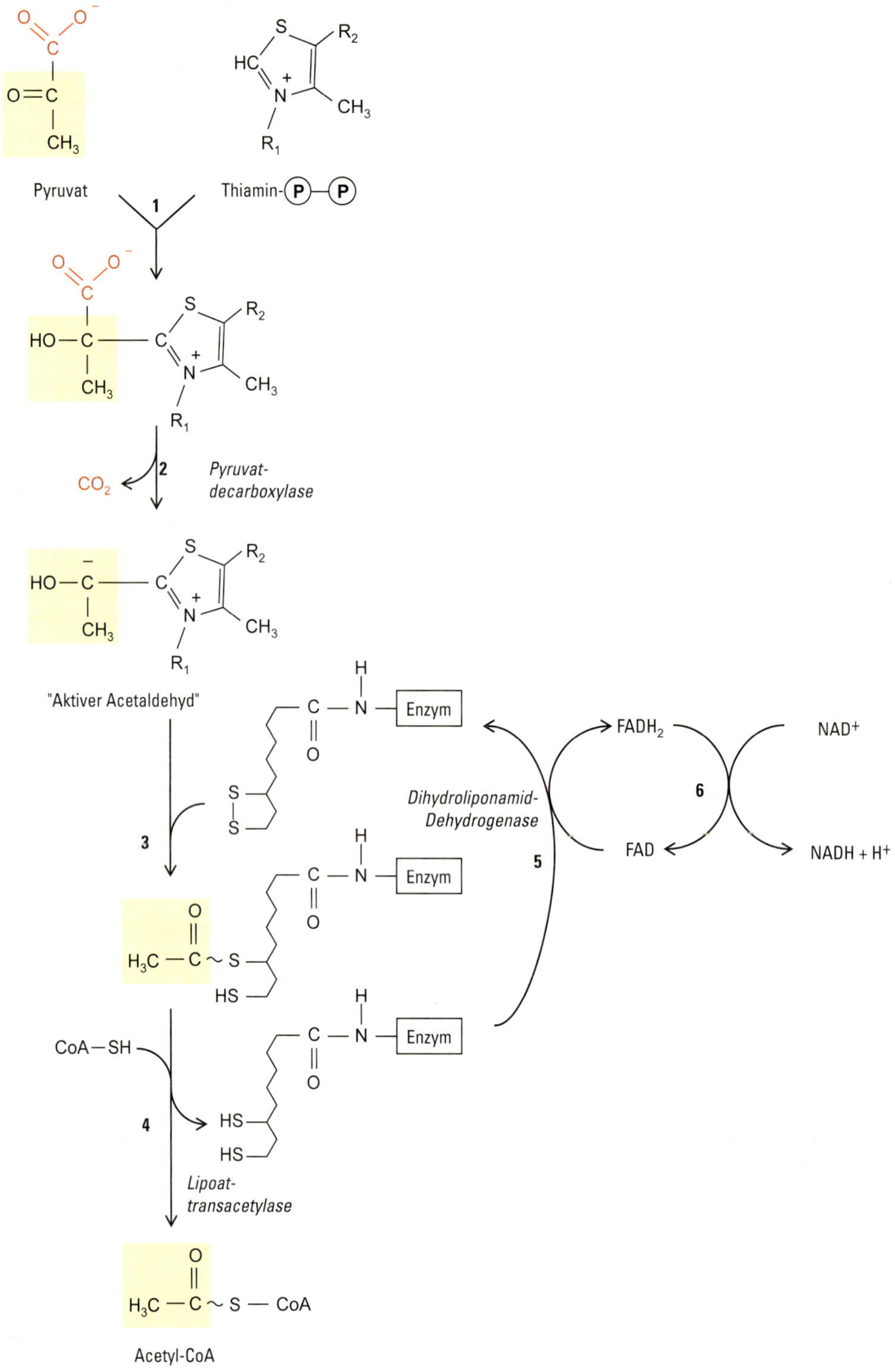

2 Pyruvatdehydrogenasereaktion (PDH)

Abb. 29: Pyruvatdehydrogenasereaktion komplett

Übrigens ...

Die Pyruvatdehydrogenasereaktion ist irreversibel. Eine Tatsache, die man nicht oft genug betonen kann, da sie weitreichende Konsequenzen hat: Sie ist z. B. die Begründung dafür, weshalb **Fett nicht mehr in Glucose umgewandelt werden kann**. Im Physikum wird dieser Fakt immer wieder versteckt gefragt und mit ein bisschen Logik kannst du dir damit das Lernen vieler Details ersparen.

Merke!

Acetyl-CoA kann **niemals** zu Pyruvat carboxyliert werden; nicht, wenn es dem Citratzyklus entnommen wird und auch nicht für die Gluconeogenese.

2.2 Regulation

Die Pyruvatdehydrogenase ist ein Multienzymkomplex, von dem es eine aktive und eine inaktive Form gibt. Die aktive Form des Enzyms ist aber nicht unbedingt mit „funktionsfähig" gleichzusetzen, da sie auch gehemmt sein kann. Das klingt zunächst etwas unlogisch, ist jedoch anhand eines Modells gut zu veranschaulichen: Bei einem Auto gibt es zwei Zustandsformen: Es ist entweder an- oder ausgeschaltet. Wenn es ausgeschaltet ist, fährt es auf gar keinen Fall (es ist also inaktiv). Wenn es angeschaltet ist, kann es fahren (es ist somit aktiv). Hängt an diesem Auto noch ein Anhänger, kann es dementsprechend nur langsamer fahren. Es ist zwar aktiv, aber gehemmt, also in der Funktion eingeschränkt.

Zurück zur Pyruvatdehydrogenase: Die Pyruvatdehydrogenase wird in Ermangelung eines Zündschlüssels mit einem Phosphatrest an- und abgeschaltet:

– Die **Pyruvatdehydrogenase** ist **aktiv**, wenn sie **dephosphoryliert** ist (ohne Phosphatrest).
– Die Pyruvatdehydrogenase ist inaktiv, wenn sie phosphoryliert ist (mit Phosphatrest).
– Die **Pyruvatdehydrogenase** wird **gehemmt** durch **Acetyl-CoA, NADH + H$^+$** und **ATP**.

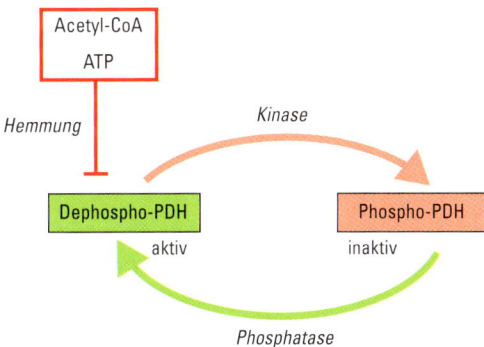

Abb. 30: Pyruvatdehydrogenasereaktion: Regulation

medi-learn.de/6-bc1-30

Die Pyruvatdehydrogenase ist also nicht nur ein Multienzymkomplex, sondern sie enthält sogar noch ihre eigenen Regulationsenzyme. Der Komplex ist aktiv, wenn er dephosphoryliert ist und inaktiv, wenn er phosphoryliert ist. Diese Interkonvertierung (reversible enzymatische Modifikation) findet innerhalb des Multienzymkomplexes statt und ist NICHT cAMP-gesteuert wie die meisten anderen Enzymregulationen. Die Phosphorylierung der Pyruvatdehydrogenase findet an einem Serylrest statt (danach ist im schriftlichen Examen bis jetzt einmal gefragt worden). Die Hemmung der Pyruvatdehydrogenase durch Acetyl-CoA und ATP hat durchaus seinen Grund: Diese beiden Moleküle signalisieren Energieüberschuss. In dieser Situation macht ein weiterer Pyruvatabbau keinen Sinn. Pyruvat kann jetzt viel besser zur Gluconeogenese genutzt werden.

Merke!

– Die **Interkonvertierung** der PDH ist **NICHT cAMP** gesteuert, sondern integraler Bestandteil des PDH-Komplexes.
– Die PDH ist in **dephosphorylierter** Form **aktiv**.
– **ATP und Acetyl-CoA hemmen** die aktive PDH.

3 Citratzyklus

Fragen in den letzten 10 Examen: 12

Dir mag er in der Schule schon begegnet sein, im Bio-LK musstest du ihn vielleicht schon lernen und erinnerst dich mit Grausen an dieses Wirrwarr von Molekülen, die ineinander umgewandelt werden, ohne dahinter einen wirklichen Sinn zu sehen. Doch wie so oft, ist es beim näheren Hinschauen gar nicht mehr so schlimm: Im Citratzyklus wird nämlich einfach der letzte Schritt der Nahrungsverwertung vollzogen und die dabei entstehende **Energie** in Form von **NADH + H$^+$ und FADH$_2$** gespeichert. Zudem ist er auch nicht ganz so unübersichtlich, wie er im ersten Moment scheinen mag, denn du kannst ihn sehr gut systematisieren (s. 3.1, S. 29).

Bevor es gleich zu den einzelnen Reaktionen geht, solltest du wieder einen Blick auf die Übersicht (s. Abb. 1, S. 1) werfen. Der Citratzyklus bildet einen Pool, in den die Abbauwege der drei Hauptnährstoffe münden:
- Die Fette werden über die β-Oxidation zu Acetyl-CoA abgebaut.
- Die Kohlenhydrate werden über die Glykolyse und die Pyruvatdehydrogenasereaktion zu Acetyl-CoA abgebaut.
- Die meisten Proteine/Aminosäuren fließen über die Pyruvatdehydrogenasereaktion oder direkt in den Citratzyklus ein.

Im Citratzyklus wird dieses Acetyl-CoA zu CO_2 und Energie oxidiert, oder genauer: Im Citratzyklus wird Acetyl-CoA oxidiert zu CoA-SH, CO_2 und Reduktionsäquivalenten in Form von NADH + H$^+$ und FADH$_2$.
Er findet – wie auch die Pyruvatdehydrogenasereaktion – innerhalb der Mitochondrien statt und wird auch als Drehscheibe des Stoffwechsels bezeichnet. Der Grund dafür sind seine zahlreichen Zwischensubstrate, die sowohl Ausgangsmaterial für Synthesen als auch Endprodukte von Abbauwegen sind.

> **Merke!**
> - Der Citratzyklus ist die Drehscheibe des Stoffwechsels.
> - Acetyl-CoA wird zu 2 CO_2 und Energie „abgebaut".
> - Der Citratzyklus ist im Mitochondrium lokalisiert.
> - Er ist die Endstrecke der Nahrungsmittelverwertung.

Dieses Kapitel handelt im Einzelnen von
- dem Ablauf, oder was während des Zyklus passiert,
- der Energiebilanz, oder was bei dem ganzen Zirkus rausspringt,
- seiner Regulation,
- seinen anabolen Aufgaben und
- den anaplerotischen Reaktionen (der Nahrung für den Citratzyklus).

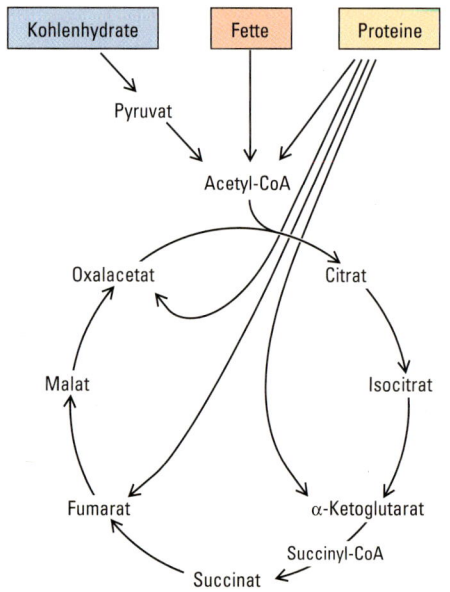

Abb. 31: Citratzyklus, Überblick *medi-learn.de/6-bc1-31*

3.1 Der Ablauf – oder: Was passiert hier eigentlich?

Wozu so viele Zwischenschritte, wenn letzten Endes nur ein kleines Acetyl-CoA zu CO_2 abgebaut wird? Nun, das ist eben nicht alles. Die Zelle hat mit diesem Zyklus mehrere Möglichkeiten:
- Sie speichert die freiwerdende Energie in Form der Reduktionsäquivalente $NADH + H^+$ und $FADH_2$.
- Sie startet von diesem Zyklus aus zahlreiche Synthesewege (anabole Aufgaben, s. 3.4, S. 36).

Um die ganze Bandbreite seiner Funktionen zu verstehen, bleibt dir nichts anderes übrig, als dir den genauen Ablauf des Citratzyklus anzusehen.

Dazu erst mal wieder ein kleines Modell (s. Abb. 32, S. 29). Stelle dir vor:
- Molekül 1 (rund, hellblau) soll abgebaut werden.
- Dies geht nur, wenn Molekül 2 (rechteckig, dunkelblau) dabei ist.
- Beide Moleküle lagern sich also aneinander und
- werden gemeinsam gespalten.
- Molekül 1 ist abgebaut,
- Molekül 2 muss regeneriert werden.

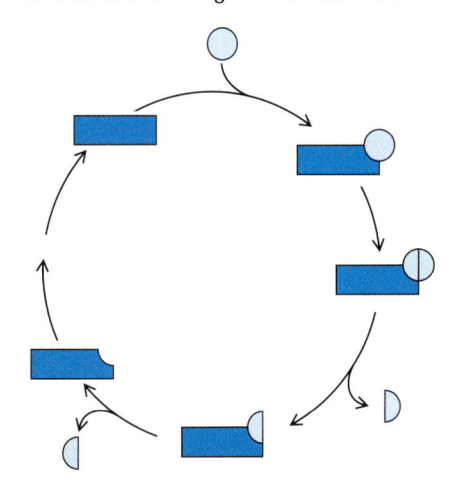

Abb. 32: Citratzyklus, Schema

medi-learn.de/6-bc1-32

Soviel zum Modell, jetzt zur Realität: Auch Acetyl-CoA wird nicht alleine abgebaut. Im ersten Teil des Citratzyklus lagert es sich mit Oxalacetat zu Citrat zusammen und der Acetyl-Rest wird abgebaut. Dabei entsteht Succinat. Im zweiten Teil muss Oxalacetat aus Succinat dann wieder regeneriert werden.

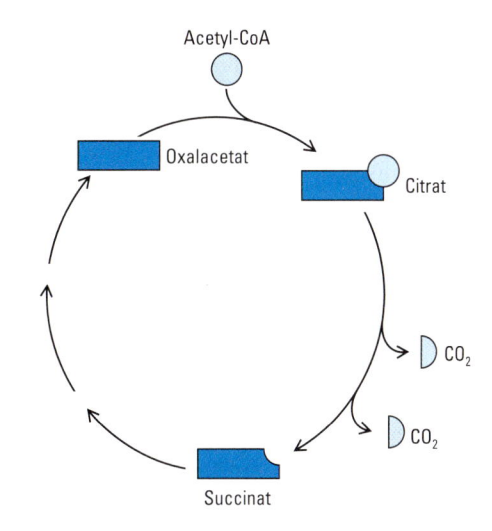

Einteilung des Citratzyklus in zwei Teile:
1. Abbau von Acetyl-CoA und Bildung von Succinat.
2. Regeneration von Oxalacetat aus Succinat.

Abb. 33: Grundgerüst Modell Citratzyklus

medi-learn.de/6-bc1-33

3.1.1 Teil 1 des Citratzyklus: Acetyl-CoA-Abbau

Im ersten Teil des Citratzyklus – dem Acetyl-CoA-Abbau – passiert grob folgendes:
- Oxalacetat und Acetyl-CoA kondensieren zu Citrat.
- Es wird zweimal decarboxyliert ($-2CO_2$).
- Es entsteht Succinat.

Nun kommen die einzelnen Schritte en detail:

Schritt 1: Die Kondensation

Dabei verknüpft die Citrat-Synthase Oxalacetat und Acetyl-CoA zu Citrat.

3 Citratzyklus

Abb. 34: Citratzyklus, Schritt 1

medi-learn.de/6-bc1-34

Schritt 2: Die Isomerisierung

Hier wird Citrat zu Isocitrat umgelagert.

Abb. 35: Citratzyklus, Schritt 2

medi-learn.de/6-bc1-35

> **Übrigens ...**
> Im Physikum bitte nicht aufs Glatteis führen lassen: Dieser Schritt ist nicht besonders aufregend, es findet wirklich nur eine **Umlagerung** statt.

Schritt 3: Die Dehydrierung und Decarboxylierung

- Isocitrat wird jetzt decarboxyliert und dehydriert.
- Die Wasserstoffatome werden auf **NAD$^+$** übertragen.

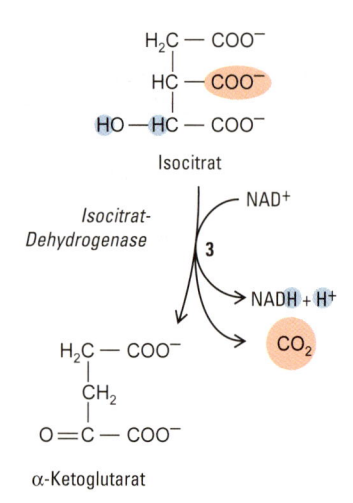

Abb. 36: Citratzyklus, Schritt 3 *medi-learn.de/6-bc1-36*

- Dabei entsteht α-Ketoglutarat,
- das Enzym heißt Isocitratdehydrogenase.

Schritt 4: Die oxidative Decarboxylierung von α-Ketoglutarat

Dieser Schritt sollte dir schon bekannt vorkommen: Es ist der gleiche Mechanismus wie bei der Pyruvatdehydrogenasereaktion mit allen dazugehörigen Enzymen und Coenzymen, wie z. B. dem Liponsäureamid und Thiaminpyrophosphat (s. Tab. 4, S. 23). Der einzige Unterschied liegt im Grundgerüst der Kohlenstoffkette, die hier eben eine HCH$_2$-Gruppe länger ist und am Ende noch eine zusätzliche Carboxylgruppe trägt.
- Auch α-Ketoglutarat wird decarboxyliert (CO$_2$ wird freigesetzt) und dehydriert.
- Die Wasserstoffatome werden ebenfalls auf NAD$^+$ übertragen.
- Das Reaktionsprodukt wird an CoA gehängt, wodurch Succinyl-CoA entsteht.
- Das Enzym ist die α-Ketoglutaratdehydrogenase.

Das bei Schritt vier entstehende Succinyl-CoA hat auch eine sehr zentrale Stoffwechselrolle: Succinyl-CoA
- ist ein Metabolit des Citratzyklus (α-Ketoglutaratdehydrogenase, Succinyl-CoA-Synthetase = Succinat-Thiokinase)

3.1.1 Teil 1 des Citratzyklus: Acetyl-CoA-Abbau

- ist ein Baustein für die Porphyrinsynthese (δ-Aminolävulinat-Synthase)
- ist wichtig für den Fettstoffwechsel: es ist beteiligt
  - am Abbau der ungeradzahligen Fettsäuren (L-Methyl-Malonyl-CoA-Isomerase) über Propionsäure (NICHT der geradzahligen)
  - am Abbau von Ketonkörpern (3-Ketoacyl-CoA-Transferase)

Abb. 37: Citratzyklus, Schritt 4 *medi-learn.de/6-bc1-37*

Schritt 5: Die Abspaltung von CoA

- Von Succinyl-CoA wird das CoA abgespalten, wobei eine energiereiche Thioesterbindung aufbricht (s. 1.3.2, S. 6).
- Die dabei frei werdende Energie wird zur GTP-Synthese genutzt. Diese Form der Bildung eines energiereichen Triphosphats bezeichnet man als **Substratkettenphosphorylierung** (vgl. 4.4, S. 50).
- Das zuständige Enzym ist die Succinyl-CoA-Synthetase = Succinat-Thiokinase.

Abb. 38: Citratzyklus, Schritt 5 *medi-learn.de/6-bc1-38*

Hier ein Exkurs zur Substratkettenphosphorylierung fürs Mündliche:
Beim Abbau von Nährstoffen gibt es im Körper zwei Mechanismen zur ATP-Synthese aus ADP und Phosphat:
1. die Substratkettenphosphorylierung und
2. die oxidative Phosphorylierung (Atmungskette, s. 4.4, S. 50)

Die Substratkettenphosphorylierung trägt ihren Namen aus dem Grund, da die Phosphorylierung von ADP während Teilschritten von Stoffwechselwegen (Substratketten) stattfindet. Dies passiert
- in der Glykolyse (Enzym = 3-Phosphoglycerat-Kinase) und
- im Citratzyklus (Vorsicht, hier wird GTP gebildet!)

Auf den Mechanismus der GTP-Synthese gehen wir jetzt mal genauer ein:

Succinyl-CoA enthält eine energiereiche Thioesterbindung. Im bereits beschriebenen Reaktionsschritt wird diese Bindung gespalten und die dabei frei werdende Energie zur Knüpfung von Phosphat an Succinyl verwendet, CoA wird dabei freigesetzt. Dieses Phosphat wird in einer zweiten Reaktion von Succinyl-Phosphat auf GDP übertragen, wobei Succinat und GTP entstehen.

$$\text{Succinyl-CoA + GDP + Phosphat}$$
$$\downarrow$$
$$\text{Succinyl-Phosphat + GDP + CoA}$$
$$\downarrow$$
$$\text{Succinat + GTP + CoA}$$

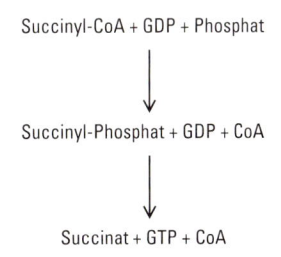

Abb. 39: Genauer Mechanismus der GTP-Synthese
medi-learn.de/6-bc1-39

Zusammenfassung Citratzyklus Teil 1

- Im ersten Schritt wird ein Acetyl-CoA in den Citratzyklus gebracht.
- Acetyl-CoA wird formal vollständig zu 2 CO_2 oxidiert (Acetyl-CoA löst sich also quasi in Luft auf …).

3 Citratzyklus

- Es entsteht Succinat, 2 NADH + H⁺ und 1 GTP.
- Citrat wird nur **umgelagert** zu Isocitrat, es findet KEINE Oxidation oder sonstige Reaktion statt.
- Die Isocitratdehydrogenase verwendet NAD⁺ als Coenzym.
- Die **dehydrierende Decarboxylierung von α-Ketoglutarat** entspricht dem **Mechanismus der Pyruvatdehydrogenasereaktion** mit allen dort verwendeten Coenzymen (ab S. 23).
- Succinyl-CoA wird durch die Succinyl-CoA-Synthetase = Succinat-Thiokinase umgesetzt.
- Regeneration ist die Aufgabe von Teil 2 des Citratzyklus.

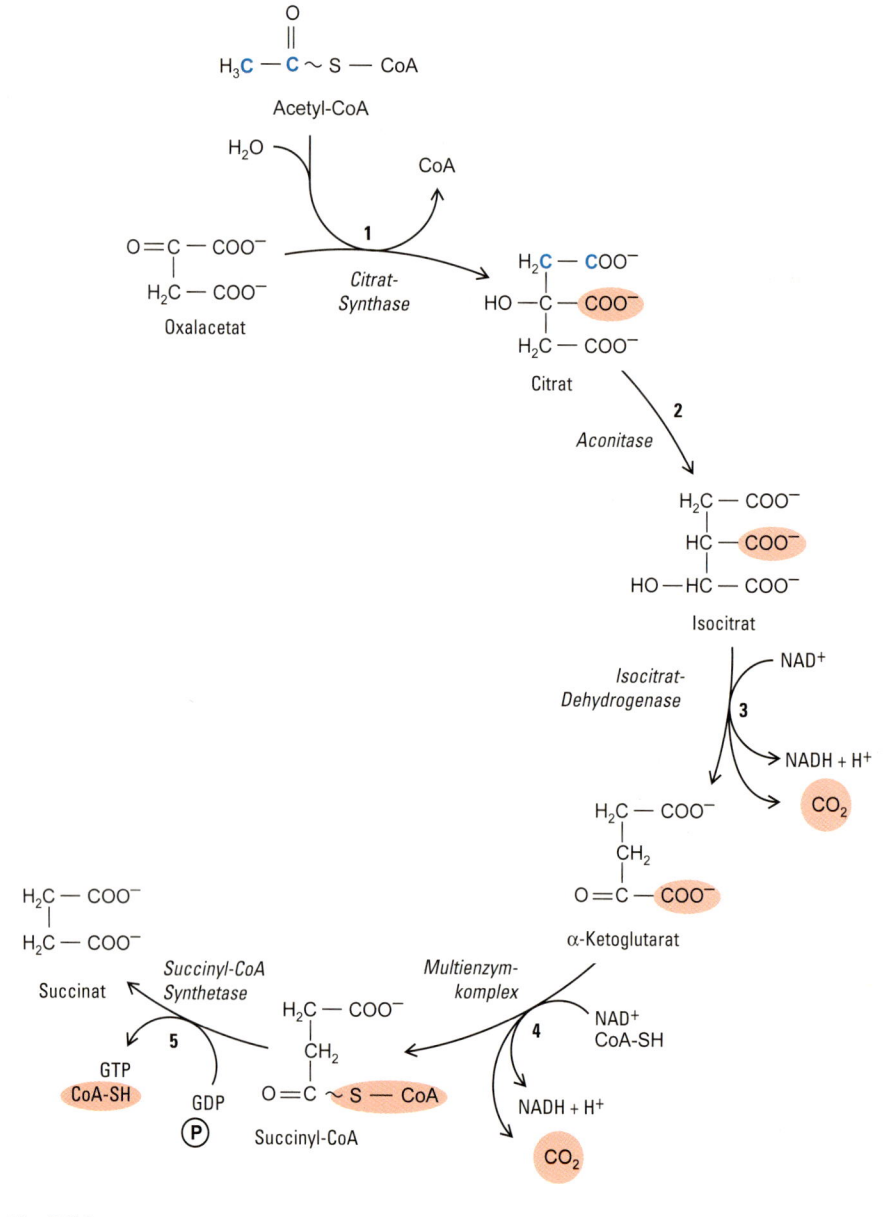

Abb. 40: Citratzyklus Teil 1

medi-learn.de/6-bc1-40

3.1.2 Teil 2 des Citratzyklus: Oxalacetat-Regeneration

Zyklen haben die Eigenschaft, dass sie immer wieder von vorne anfangen. Für den Citratzyklus bedeutet das, dass er vom Succinat wieder zu seinem Ausgangsmolekül – dem Oxalacetat – kommen muss. Den Mechanismus kennst du vielleicht schon: Es sind die ersten drei Reaktionen der β-Oxidation (s. Skript Biochemie 7). Die Regenerationsschritte des Citratzyklus sehen so aus:

Schritt 6: Die Oxidation

Hier wird zunächst Succinat dehydriert (Oxidation) und die **Wasserstoffatome auf FAD** übertragen. Dabei entsteht die **ungesättigte** Verbindung Fumarat und $FADH_2$. Das Enzym ist die **Succinatdehydrogenase**.

Abb. 41: Citratzyklus, Schritt 6

medi-learn.de/6-bc1-41

Die Succinatdehydrogenase katalysiert den ersten Schritt der Regeneration im Citratzyklus und ist Teil des Komplexes II der Atmungskette (s. Abb. 50, S. 45). Daher ist dieser Schritt besonders wichtig.
Zur Erinnerung: $FAD/FADH_2$ sind prosthetische Gruppen, die riboflavinhaltig sind.

Schritt 7: Die Addition

Durch Addition von H_2O (Hydratisierung) wird Fumarat zu Malat.

Abb. 42: Citratzyklus, Schritt 7

medi-learn.de/6-bc1-42

Das im Harnstoffzyclus gebildete Fumarat fließt hier zur Regeneration in den Citratzyklus ein.

Schritt 8: Die Oxidation

Im letzten Schritt entsteht durch Dehydrierung von Malat wieder Oxalacetat. Die Reduktionsäquivalente werden dabei auf NAD^+ übertragen, das durchführende Enzym ist die Malatdehydrogenase.

Abb. 43: Citratzyklus, Schritt 8

medi-learn.de/6-bc1-43

Die Reaktion ist die gleiche wie beim Malat-Shuttle (s. S. 18).

3 Citratzyklus

Zusammenfassung Citratzyklus Teil 2

- Oxalacetat wird regeneriert.
- Es entsteht 1 FADH$_2$ und 1 NADH + H$^+$.
- Die Succinatdehydrogenase ist FAD-abhängig.

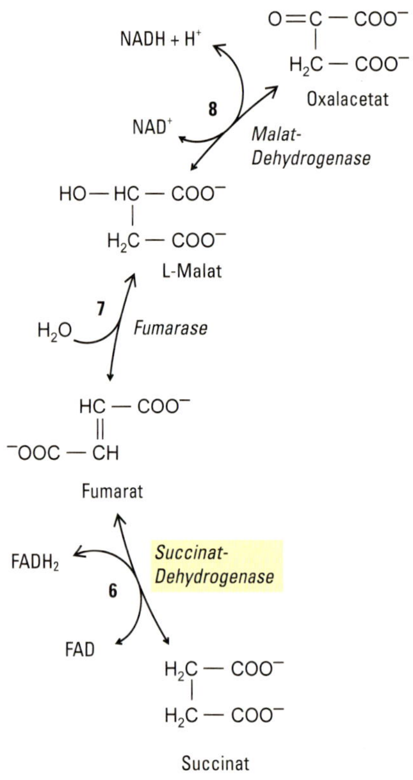

Abb. 44: Citratzyklus Teil 2 *medi-learn.de/6-bc1-44*

Übrigens ...
- Im Citratzyklus wird Acetyl-CoA formal vollständig zu 2 CO$_2$ oxidiert. In der Tat bildet der Citratzyklus zusammen mit der Pyruvatdehydrogenasereaktion mit Abstand den größten Anteil des 1 kg Kohlendioxid, das täglich über die Lunge abgeatmet wird.
- Nicht nur, wenn du ein passionierter Bastler bist, empfiehlt sich folgendes Vorgehen, um das Erlernen des Citratzyklus etwas zu erleichtern und ein bisschen amüsanter zu gestalten: Die einzelnen Substrate des Zyklus aufzeichnen, die Moleküle mischen und daraus versuchen, den Zyklus wieder zu rekonstruieren.

3.2 Die Energiebilanz – oder: Was springt bei dem ganzen Zirkus raus?

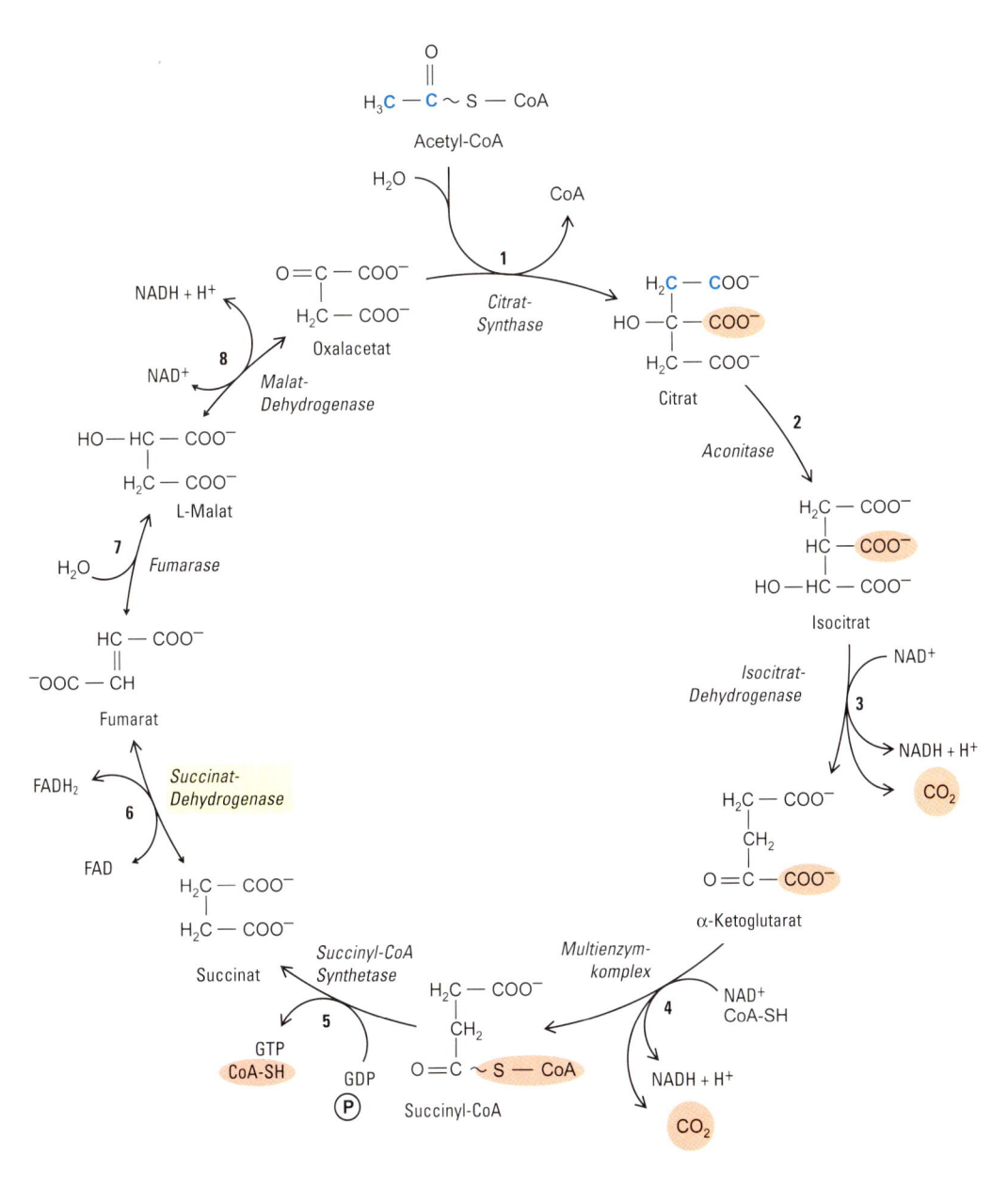

Abb. 45: Citratzyklus gesamt

3.2 Die Energiebilanz – oder: Was springt bei dem ganzen Zirkus raus?

Wenn man die während des Ablaufs entstandenen reduzierten Coenzyme zusammenzählt, kommt man auf:
- 3 NADH + H$^+$ =
  - 1 NADH + H$^+$ Isocitratdehydrogenase
  - 1 NADH+H$^+$ α-Ketoglutaratdehydrogenase
  - 1 NADH + H$^+$ Malatdehydrogenase
- 1 FADH$_2$ Succinatdehydrogenase

Durch die Oxidation dieser Redoxcoenzyme in der Atmungskette werden daraus ca. 9 ATP synthetisiert (s. 4.5, S. 50). Dazu addiert sich noch das GTP, dessen Synthese durch die Suc-

cinyl-CoA-Synthetase = Succinat-Thiokinase katalysiert wird (s. Abb. 38, S. 31) und das energetisch einem ATP entspricht.
Pro Citratzyklus entstehen also durch die Oxidation der reduzierten Coenzyme in der Atmungskette mit dem dazugerechneten GTP **pro durchgesetztem Acetyl-CoA 10 Moleküle ATP.**

Merke!

Die Oxidation von 1 Acetyl-CoA im Citratzyklus führt zur Bildung von 10 ATP.

3.3 Citratzyklus-Regulation

Es gibt mehrere Enzyme, an denen die Umsatzgeschwindigkeit des Citratzyklus reguliert wird. Drei von ihnen sind im Physikum schon mal gefragt worden:

Diese drei Enzyme sind:
1. Die Citrat-Synthase, also das Enzym, das den ersten Schritt des Citratzyklus katalysiert: Oxalacetat + Acetyl-CoA → Citrat.
2. Die Isocitratdehydrogenase, also das Enzym, das den dritten Schritt des Citratzyklus katalysiert:
Isocitrat – CO_2 – 2H → α-Ketoglutarat.
3. Die Succinatdehydrogenase (Inaktivator = Malonat), also das Enzym, das auch Bestandteil der Atmungskette (s. S. 44) ist:
Succinat – 2H → Fumarat.

> **Übrigens ...**
> – Die Citrat-Synthase und die Isocitratdehydrogenase werden durch NADH gehemmt.
> – Bei körperlicher Arbeit nimmt der Quotient von NADH/NAD^+ ab und die Aktivität des Citratzyklus zu.

3.4 Anabole Aufgaben, denn der Citratzyklus kann noch mehr

Wie schon erwähnt, hat der Citratzyklus nicht nur abbauende, sondern auch aufbauende Funktionen. Seine zahlreichen Zwischensubstrate fließen nämlich in einige Stoffwechselwege ein. Für das Physikum sind dabei folgende Synthesen besonders wichtig:

– Der Citratzyklus liefert das Grundgerüst für viele nicht-essenzielle Aminosäuren.
  • Aus α-Ketoglutarat wird durch Transaminierung Glutamat (Glutaminsäure) und daraus entsteht durch Decarboxylierung der wichtige Transmitter GABA.
  α-Ketoglutarat → Glutamat → GABA.
  • Aus Oxalacetat wird durch Transaminierung Aspartat. **Oxalacetat → Aspartat.**
– Succinyl-CoA wird dem Citratzyklus für die Häm-Synthese entnommen (Porphyrinsynthese). Der erste Schritt der Häm-Synthese besteht aus der Kondensation von Succinyl-CoA und Glycin zu δ-Aminolaevulinsäure.
– Citrat wird für die Fettsäuresynthese und die Cholesterinsynthese entnommen.

Falls du jetzt stutzt und denkst, ob man für die Fettsäuresynthese nicht Acetyl-CoA benötigt, so hast du recht. Aber wie schon im Kapitel 1.4, S. 16, besprochen, ist die innere Mitochondrienmembran für Acetyl-CoA undurchlässig. Daher der Umweg über Citrat, das die Membran passieren kann. Im Zytosol wird Citrat dann durch die Citrat-Lyase zu Oxalacetat und Acetyl-CoA gespalten, wobei letzteres für die Fettsäure- und die Cholesterinsynthese zur Verfügung steht.

NICHT zu den anabolen Aufgaben des Citratzyklus gehören dagegen:
– Die Bereitstellung von Acetyl-CoA für die Gluconeogenese. Grund ist wieder die irreversible Pyruvatdehydrogenasereaktion (s. 2.1.4, S. 25).

3.5 Anaplerotische Reaktionen (Nahrung für den Citratzyklus)

Also noch mal: Acetyl-CoA kann NIEMALS für die Gluconeogenese verwendet werden. Auch nicht, wenn es jedes Jahr im Physikum als Möglichkeit des Citratzyklus angepriesen wird.

Merke!

Der Citratzyklus liefert
- das Grundgerüst der **nicht-essenziellen Aminosäuren**, z. B. α-Ketoglutarat für Glutamat.
- **Succinyl-CoA für die Häm-Synthese** (Porphyrine).
- **Citrat** für die **Fettsäuresynthese** (Acetyl-CoA-Transport).

3.5 Anaplerotische Reaktionen (Nahrung für den Citratzyklus)

Was um alles in der Welt verbirgt sich wohl hinter diesem wichtig scheinenden Begriff? Tja, wenn man immer nur Geld ausgibt, ohne dass das Konto wieder aufgefüllt wird, ist man relativ schnell pleite. Da geht es dem Citratzyklus auch nicht anders. Er gibt zwar kein Geld aus, aber viele seiner Zwischensubstrate an die oben genannten Biosynthesen ab. Sein Konto an Zwischensubstraten wird durch anaplerotische Reaktionen wieder gefüllt. Dieser Begriff scheint also nicht nur wichtig, er ist es auch: Gäbe es diese Reaktionen nämlich nicht, würde der Citratzyklus bei Biosynthesen und der damit verbundenen Entnahme von Zwischensubstraten zum Erliegen kommen. Das wäre eine Katastrophe für unseren Energiehaushalt und akut lebensbedrohlich.

Von größter Bedeutung dieser auffüllenden Reaktionen und die einzige bisher gefragte ist die **Pyruvat-Carboxylasereaktion**: Pyruvat reagiert dabei mit CO_2 unter ATP-Verbrauch zu Oxalacetat.

Pyruvat-Carboxylase
Pyruvat + CO_2 + ATP ↔ Oxalacetat + ADP + P

Merke!

Die Pyruvat-Carboxylasereaktion ist eine anaplerotische Reaktion, die von der Pyruvat-Carboxylase katalysiert wird.

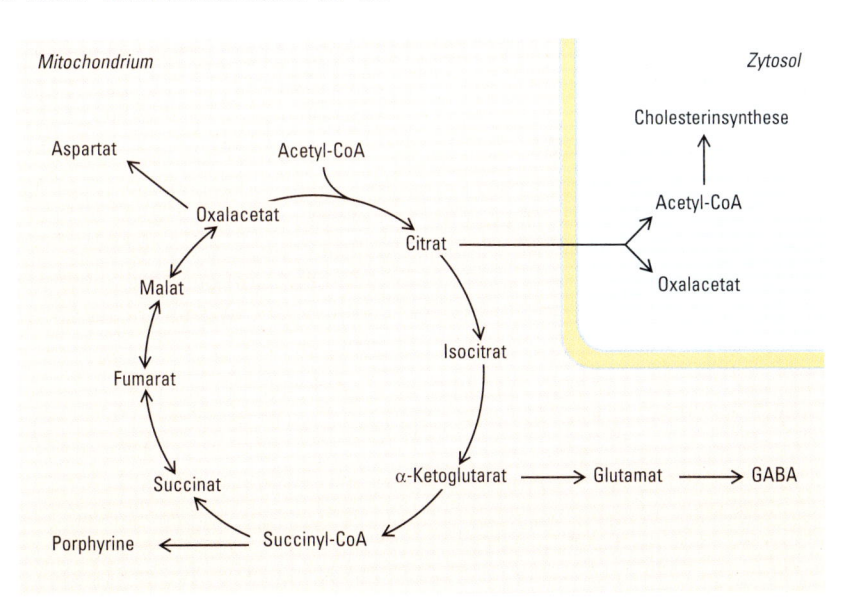

Abb. 46: Citratzyklus, anabole Aufgaben

DAS BRINGT PUNKTE

Aus dem Kapitel **Pyruvatdehydrogenasereaktion (PDH)** solltest du dir unbedingt merken, dass
- die Pyruvatdehydrogenasereaktion **IRREVERSIBEL** ist,
- **Thiaminpyrophosphat** ein **benötigtes** Coenzym ist,
- die Pyruvatdehydrogenase **dephosphoryliert aktiv** ist,
- **ATP und Acetyl-CoA** die Pyruvatdehydrogenase **hemmen** und, dass
- die **Regulation der PDH NICHT cAMP**-gesteuert, sondern integraler Bestandteil des Multienzymkomplexes ist.

Was solltest du dir zum Thema **Citratzyklus** unbedingt merken? Gut punkten lässt sich, wenn du weißt, dass

- NAD^+ von der Isocitratdehydrogenase, der α-Ketoglutaratdehydrogenase und der Malatdehydrogenase als Coenzym verwendet wird,
- die Succinatdehydrogenase FAD als Cosubstrat hat,
- Citrat dem Citratzyklus für die Fettsäure- und Cholesterinsynthese entnommen wird,
- α-Ketoglutarat dem Citratzyklus für die Synthese von Glutamat und GABA entnommen wird,
- Succinyl-CoA ein Baustein für die Porphyrinsynthese ist und
- die Pyruvat-Carboxylase die anaplerotische Reaktion zur Bildung von Oxalacetat katalysiert.

FÜRS MÜNDLICHE

In der mündlichen Prüfung werden häufig nachfolgende Fragen gestellt:

1. Beschreiben Sie bitte die Pyruvatdehydrogenasereaktion in Stichworten.

2. Bitte erläutern Sie, wie die Pyruvatdehydrogenase reguliert ist.

3. Erklären Sie bitte, warum der menschliche Organismus Fett nicht in Zucker umwandeln kann.

4. Erläutern Sie bitte, welche Stellung der Citratzyklus im Stoffwechsel hat.

5. Stellen Sie mir bitte grob den Ablauf des Citratzyklus dar.

6. Bitte erklären Sie in welcher Form Energie im Citratzyklus gewonnen wird.

7. Wie heißen die Enzyme der PDH?

8. Man bezeichnet den Citratzyklus auch als Drehscheibe des Stoffwechsels. Erklären Sie mir bitte warum.

9. Erklären Sie bitte den Begriff „anaplerotische Reaktionen".

10. Welche Coenzyme sind beteiligt?

11. Was wird im Citratzyklus abgebaut und was entsteht?

12. Schildern sie mir den Ablauf des Citratzyklus mit beteiligten Enzymen?

13. Welche anabolen Aufgaben hat der Citratzyklus?

14. Welche Aminosäuren fließen in den Citratzyklus ein?

FÜRS MÜNDLICHE

1. Beschreiben Sie bitte die Pyruvatdehydrogenasereaktion in Stichworten.
Siehe Gesamtablauf Pyruvatdehydrogenasereaktion auf S. 26.

2. Bitte erläutern Sie wie die Pyruvatdehydrogenase reguliert ist.
Die Pyruvatdehydrogenase wird über reversible Phosphorylierung reguliert. Sie ist im dephosphorylierten Zustand aktiv und im phosphorylierten Zustand inaktiv. Zusätzlich kann sie noch von Acetyl-CoA und ATP gehemmt werden.

3. Erklären Sie bitte, warum der menschliche Organismus Fett nicht in Zucker umwandeln kann.
Die Pyruvatdehydrogenasereaktion ist irreversibel, Acetyl-CoA (z. B. aus der β-Oxidation) kann somit nicht zur Gluconeogenese verwendet werden.

4. Erläutern Sie bitte, welche Stellung der Citratzyklus im Stoffwechsel hat.
Der Citratzyklus ist die Endstrecke der Nährstoffverwertung. Die Nährstoffe werden auf speziellen Wegen zu Acetyl-CoA abgebaut und fließen so in den Citratzyklus ein. Acetyl-CoA wird dort zu CO_2 und Energie oxidiert. Neben dieser wichtigen katabolen Aufgabe ist der Citratzyklus auch noch für unzählige Substratlieferungen an andere Stoffwechselwege zuständig. Er hat also anabole Aufgaben inne, wie z. B. bei der Häm-Synthese, dem Aminosäurestoffwechsel und der Fettsäuresynthese.

5. Stellen Sie mir bitte grob den Ablauf des Citratzyklus dar.
Der Citratzyklus lässt sich gut in zwei Teile splitten. Zuerst reagiert Acetyl-CoA mit Oxalacetat zu Citrat, nach zweimaliger Decarboxylierung entsteht Succinat. Succinat wird dann im zweiten Teil wieder zu Oxalacetat oxidiert.

6. Bitte erklären Sie, in welcher Form Energie im Citratzyklus gewonnen wird.
Im Citratzyklus wird Energie in Form von reduzierten Coenzymen gewonnen. Bei ihrer Oxidation in der Atmungskette wird ATP synthetisiert. Die reduzierten Coenzyme sind NADH + H$^+$ und $FADH_2$. Außerdem wird im Citratzyklus noch direkt ein GTP gewonnen.

7. Wie heißen die Enzyme der PDH?
Die Pyruvatdehydrogenasereaktion wird durch einen Multienzymkomplex katalysiert, der aus drei Enzymen gebildet wird. Im einzelnen sind das die Pyruvatdecarboxylase, die Lipoattransacetylase und die Dihydrolipoatdehydrogenase.

8. Man bezeichnet den Citratzyklus auch als Drehscheibe des Stoffwechsels. Erklären Sie mir bitte warum.
Der Citratzyklus hat nicht nur katabole, sondern auch anabole Funktionen. Neben der Verwertung von Acetyl-CoA und der damit verbundenen ATP-Synthese in der Atmungskette ist er Lieferant für die Ausgangsmoleküle vieler Biosynthesen, wie z. B. des Succinyl-CoA, das in die Porphyrinsynthese einfließt, dem Citrat für die Fettsäuresynthese und dem Grundgerüst der nicht-essenziellen Aminosäuren.

9. Erklären Sie bitte den Begriff „anaplerotische Reaktionen".
Anaplerotische Reaktionen sind auffüllende Reaktionen. Die Konzentration der Zwischensubstrate des Citratzyklus ist relativ gering, sodass er bei Biosynthesen zum Erliegen kommen würde. Deswegen muss der Citratzyklus regelmäßig durch anaplerotische Reaktionen aufgefüllt werden. Die wichtigste davon ist die Pyruvat-Carboxylasereaktion.

FÜRS MÜNDLICHE

10. Welche Coenzyme sind beteiligt?
An der Pyruvatdehydrogenasereaktion sind fünf Coenzyme beteiligt. Sie heißen Thiamindiphosphat, Liponsäure, Coenzym A, FAD und NAD^+.

11. Was wird im Citratzyklus abgebaut und was entsteht?
Im Citratzyklus wird Acetyl-CoA zu 2 CO_2 oxidiert. Dabei werden Reduktionsäquivalente gewonnen, sodass 3 NADH + H^+ und 1 $FADH_2$ „entstehen". Ferner wird 1 GTP gewonnen. 10 Moleküle ATP

12. Schildern sie mir den Ablauf des Citratzyklus mit beteiligten Enzymen?
S. Abb. 45, S. 35: Citratzyklus gesamt

13. Welche anabolen Aufgaben hat der Citratzyklus?
Die Zwischenprodukte des Citratzyklus fließen ein in
- die Gluconeogenese (Vorstufen Oxalacetat und Malat)
- die Porphyrinsynthese (Vorstufe: Succinyl-CoA)
- die Aminosäurensynthese (Vorstufen α-Ketoglutarat)
- die Fettsäure- und die Cholesterolsynthese (Vorstufe: Citrat)

14. Welche Aminosäuren fließen in den Citratzyklus ein?
Von den 20 proteinogenen Aminosäuren sind nur zwei rein ketogen, während die anderen alle glucogen (oder beides) sind. Die glucogenen AS fließen über Pyruvat, α-Ketoglutarat, Succinyl-CoA, Fumarat oder Oxalacetat in den Citratzyklus ein.

Pause

Päuschen gefällig?
Das hast du dir verdient!

4 Atmungskette – oder: Warum atmen wir eigentlich?

Fragen in den letzten 10 Examen: 11

Die Frage nach dem Grund für unsere Sauerstoffabhängigkeit ist berechtigt. Hat man sich doch in der Physiologie elendig lang mit der Lunge und der Sauerstoffaufnahme beschäftigt und den Spruch „Nahrung wird mit Sauerstoff verbrannt" auch mehr als einmal hören müssen. Dafür, dass er überall als Protagonist angekündigt war, ist die Rolle des Sauerstoffs bisher relativ mager ausgefallen. Das wird sich aber jetzt mit der Besprechung der Atmungskette ändern.

Du wirst an dieser Stelle vielleicht denken, dass nun das große Übel unabwendbar ist. Der Begriff Atmungskette schwirrt ja schon lange, bevor man sich mit diesem Kapitel befasst, durch den biochemischen Raum: ..."Ja, und in der Atmungskette, da entsteht dann ATP" ... Niemand weiß allerdings genau, was sich dahinter verbirgt, aber doch soviel, dass diese energieliefernde Kette wichtig und nicht ganz einfach ist.

Um einen sanften Einstieg in das Thema zu gewährleisten, kommt auch an dieser Stelle zunächst ein Modell. Wenn du dich darauf einlassen kannst, ist das Verständnis der Atmungskette ein Klacks – ehrlich.

Stelle dir einen Kanal vor, der von links nach rechts läuft. Er ist abschüssig. Zu dem Kanal gibt es zwei Zuflüsse.

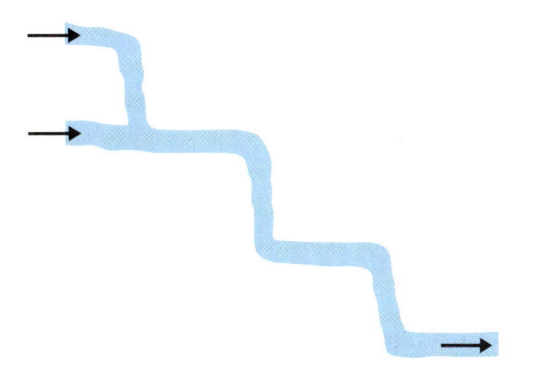

Abb. 47 a: Atmungskette Modell, Stufe 1

medi-learn.de/6-bc1-47a

In dem Kanal gibt es vier Wasserräder. Wasserrad eins und zwei haben einen Wasserzufluss aus Wassereimern. Von den Wasserrädern eins und zwei fließt das Wasser in Rollcontainer, die das Wasser zu Wasserrad drei und vier transportieren.

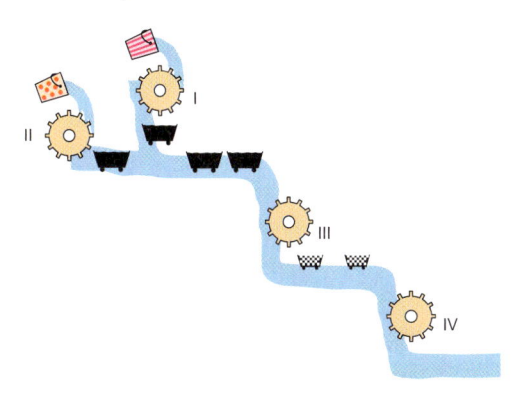

Abb. 47 b: Atmungskette Modell, Stufe 2

medi-learn.de/6-bc1-47b

Durch die Wasserkraft angetrieben, werden Bälle von der vorderen auf die hintere Kanalseite gepumpt. Nur bei Wasserrad zwei funktioniert das nicht, da seine Wasserkraft nicht ausreicht.

4 Atmungskette – oder: Warum atmen wir eigentlich?

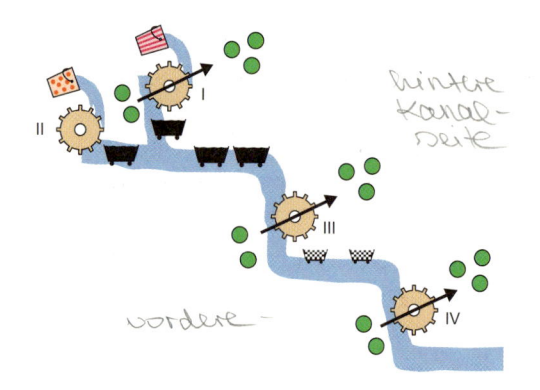

Abb. 47 c: Atmungskette Modell, Stufe 3
medi-learn.de/6-bc1-47c

Auf der hinteren Kanalseite gibt es jetzt einen Ballüberschuss. Diese Bälle fließen durch eine Turbine zurück auf die vordere Kanalseite. Dabei wird die Turbine angetrieben und Energie erzeugt.

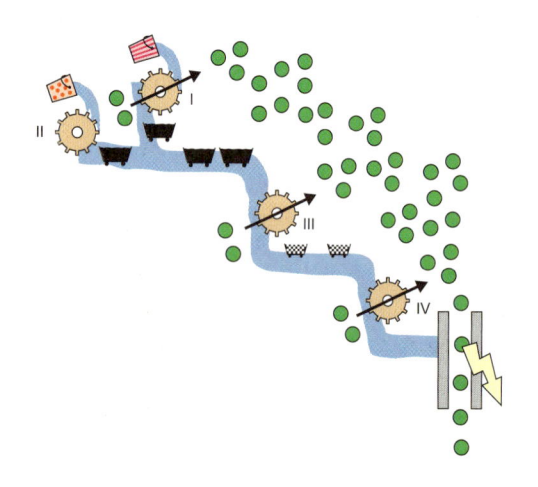

Abb. 47 d: Atmungskette Modell, Stufe 4
medi-learn.de/6-bc1-47d

Übrigens …
Am besten lädst du dir dieses Modell herunter (www.medi-learn.de/skr-atmungskette) und druckst es aus. Dann kannst du es bei der Bearbeitung dieses Themas neben das Skript legen und immer wieder einen Blick darauf werfen, da im Text oft Bezug darauf genommen wird.

So, und schon geht es los mit der lang ersehnten Atmungskette. Als erstes kommt ein grober Überblick über das Was und das Warum.

4.1 Was passiert in der Atmungskette?

Bei den vorangegangenen Stoffwechselfolgen (z. B. Glykolyse, β-Oxidation, Pyruvatdehydrogenasereaktion, ab S. 23, Citratzyklus, ab S. 28) wurden auf NAD^+ und FAD Redoxäquivalente übertragen ($NADH + H^+$ und $FADH_2$). Diese H-Atome vereinigen sich nun in der Atmungskette mit O_2, wobei **H_2O** entsteht (Knallgasreaktion). Diese Reaktion ist so exergon, dass mit der frei werdenden Energie **ATP** aus ADP und P gebildet werden kann.

> **Merke!**
>
> Die Atmungskette ist in der inneren Mitochondrienmembran lokalisiert.

Zurück zum Modell und dessen Pendants in der Atmungskette:

Modell	Atmungskette
volle Wassereimer →	reduzierte Redoxcoenzyme
Wasser →	H-Atome/Elektronen
Höhe des Kanals →	Redoxpotenzial
Wasserräder (I-IV) →	Komplexe (I-IV)
Container →	H-Elektronentransporter
Bälle →	H^+-Ionen (Protonen)
Turbine →	Komplex V (ATP-Synthase)

Tab. 5: Modell zu Atmungskette

Und jetzt zum Ablauf …

4.2 Aufbau der Atmungskette

Modell	Atmungskette
Es kommen volle Wassereimer.	Von den katabolen Stoffwechselvorgängen kommen reduzierte Redoxcoenzyme.
Durch den Fluss des Wassers durch die Wasserräder können die Wasserräder Bälle auf die hintere Kanalseite pumpen.	Durch den Fluss der H-Atome|Elektronen durch die Komplexe können die Komplexe I, III und IV H^+-Ionen in den mitochondrialen Intermembranraum pumpen.
Es entsteht ein Ballüberschuss auf der hinteren Kanalseite.	Es entsteht ein H^+-Überschuss im Intermembranraum.
Das Wasser kann durch den Kanal transportiert werden, da er in seinem Verlauf an Höhe verliert (Gefälle).	Die H-Atome/Elektronen können weitergegeben werden, da im Laufe der Atmungskette das Redoxpotenzial positiver wird.

Tab. 6: Übertragung des Modells auf die Atmungskette

4.2 Aufbau der Atmungskette

Dieser Abschnitt stellt die einzelnen Komponenten der Atmungskette vor, die im darauf folgenden Teil (Weg durch die Atmungskette, s. 4.3, S. 49) zusammengeführt werden. In Klammern stehen die zugehörigen Elemente des Modells.

4.2.1 Herkunft der reduzierten Coenzyme (Wassereimer)

Während des Abbaus von Fetten, Kohlenhydraten und Proteinen wurden Coenzyme reduziert, die in die Atmungskette einfließen. Im Einzelnen sind das:
NADH + H^+ aus
– β-Oxidation,
– Glykolyse,
– **oxidative Decarboxylierung von Pyruvat** (Pyruvatdehydrogenasereaktion),
– **Citratzyklus** und
– **oxidative Desaminierung von Glutamat**.
NADH + H^+ wird über den Malat-Shuttle in das Mitochondrium gebracht.
$FADH_2$ aus
– **β-Oxidation** (Enzym = Acyl-CoA-Dehydrogenase),
– Citratzyklus (Enzym = Succinatdehydrogenase) und
– (mitochondrialer) Glycerinphosphatdehydrogenase (s. Abb. 25, S. 19)

4.2.2 Komplexe I–IV (Wasserräder)

Die Komplexe I–IV sind in der inneren Mitochondrienmembran lokalisiert und bestehen aus Enzymen und Coenzymen.
Im Einzelnen sind das:
– Komplex I = NADH-Ubichinon-Reduktase,
– Komplex II = Succinat-Ubichinon-Reduktase,
– Komplex III = Ubichinol-Cytochrom-c-Reduktase und
– Komplex IV = Cytochromoxidase.

Sie alle haben die Aufgabe, die Wasserstoffatome von den reduzierten Coenzymen (wie z. B. NADH + H^+ oder $FADH_2$) zu übernehmen, weiterzugeben und bei der Katalyse ihrer Redoxreaktionen Protonen vom Matrixraum in den Intermembranraum des Mitochondriums zu pumpen (Ausnahme: Komplex II).
Die kompliziert klingenden Namen der Komplexe haben ihre Systematik.
Sie sind aus drei Teilen zusammengesetzt.
1. Teil = Redoxcoenzym, von dem die H-Atome/Elektronen stammen,
2. Teil = Redoxcoenzym, auf das die H-Atome/Elektronen übertragen werden und
3. Teil = Reduktase
Der Komplex IV fällt aus diesem Schema raus.

4 Atmungskette – oder: Warum atmen wir eigentlich?

Komplex I (NADH-Ubichinon-Reduktase)

Im Komplex I werden die H-Atome von NADH + H⁺ auf Ubichinon (Coenzym Q) übertragen, dies geschieht über FMN (Am Wasserrad I wird das Wasser vom Eimer (gestreift) auf den Rollcontainer (uni) weitergegeben).

gibt die Reduktionsäquivalente gleich wieder **weiter an Ubichinon**. Aus Ubichinon wird dadurch Ubichinol (Reduktion).
Bei diesem Wasserstofftransport werden Protonen vom Matrixraum in den Intermembranraum des Mitochondriums gepumpt.

An dieser Stelle tauchen die dubiosen **Eisen-Schwefel-Komplexe** aus dem Grundlagenteil (s. S. 12) wieder auf. Auch sie sind an den Redoxreaktionen beteiligt.

> **Übrigens ...**
> Für das Physikum sind die Details über ihre Transportbeteiligung unwichtig. Wichtig ist hingegen, dass sie **nur in Komplex I, II und III** beteiligt sind, **nicht aber in IV**.

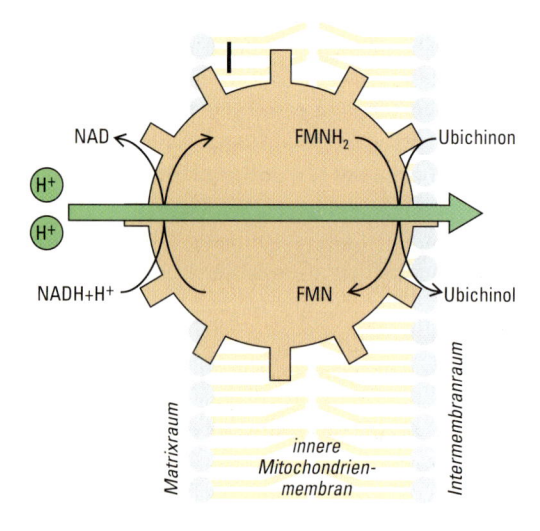

Abb. 48: Atmungskette, der Weg durch Komplex I

medi-learn.de/6-bc1-48

> **Merke!**
> - Im Komplex I werden Wasserstoffatome von **NADH+H⁺ auf Ubichinon** übertragen.
> - Komplex I enthält **FMN und Eisen-Schwefel-Komplexe** (proteingebundenes Eisen in Nicht Häm Form) als prosthetische Gruppen.

Komplex II (Succinat-Ubichinon-Reduktase)

Was passiert hier im Einzelnen? NADH + H⁺ wird von FMN oxidiert, gibt also seine Wasserstoffatome (sein Hydrid-Ion + sein Proton) an FMN ab. FMN wird dadurch zu **FMNH₂** reduziert und

Im Komplex II werden die H-Atome von Succinat auf Ubichinon übertragen, dies geschieht über FADH₂

$$NADH + H^+ + FMN \longrightarrow NAD^+ + FMNH_2$$

$$FMNH_2 + \text{Ubichinon} \longrightarrow FMN + \text{Ubichinol}$$

Abb. 49: Atmungskette, Komplex I

medi-learn.de/6-bc1-49

4.2.2 Komplexe I-IV (Wasserräder)

(Am Wasserrad II wird das Wasser vom Eimer (gepunktet) auf den Rollcontainer (uni) weitergegeben).

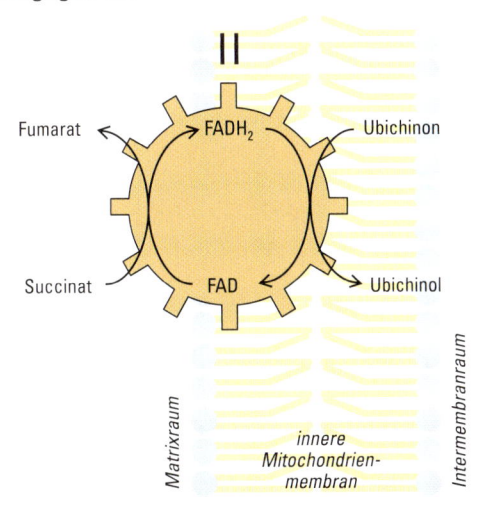

Abb. 50: Atmungskette, der Weg durch Komplex II

medi-learn.de/6-bc1-50

Dies ist der zweite Zufluss zur Atmungskette. Hier werden die Wasserstoffatome – wie im Komplex I – auf Ubichinon übertragen.
Was passiert im Einzelnen? Succinat wird von FAD oxidiert, gibt also seine Wasserstoffatome an FAD ab und reduziert es dadurch zu $FADH_2$. $FADH_2$ gibt die Wasserstoffatome weiter an Ubichinon, das dadurch zu Ubichinol reduziert wird.

Der Komplex II hat einen Sonderstatus: Seine erste Reaktion entspricht dem ersten Regenerationsschritt des Citratzyklus (s. S. 33) und er ist NICHT in der Lage, Protonen in den Intermembranraum zu pumpen: Nicht zuletzt aufgrund dieser Tatsachen wird er im Physikum besonders gerne gefragt.
Reduziertes $FADH_2$ entsteht nicht nur im Citratzyklus, sondern auch bei der β-Oxidation (Enzym = Acyl-CoA-Dehydrogenase) und der mitochondrialen Glycerinphosphatdehydrogenase (s. Abb. 25, S. 19). Auch diese Reduktionsäquivalente werden auf Ubichinon übertragen. Dazu existieren eigene Wege, die jedoch physikumsirrelevant sind.

> **Merke!**
>
> - Im Komplex II werden Wasserstoffatome von Succinat auf Ubichinon übertragen, Succinat wird also oxidiert (bitte auch Strukturformel einprägen)
> - Komplex II enthält kovalent gebundenes **FAD und Eisen-Schwefel-Komplexe** (proteingebundenes Eisen in Nicht-Häm-Form) als prosthetische Gruppen.
> - Seine erste Reaktion entspricht dem ersten Regenerationsschritt des Citratzyklus.

Abb. 51: Atmungskette, Komplex II

medi-learn.de/6-bc1-51

4 Atmungskette – oder: Warum atmen wir eigentlich?

- Er hat NICHT die Funktion einer **Protonenpumpe**
- Er befindet sich an der **Innenseite** der inneren Mitochondrienmembran.

Komplex III
(Ubichinol-Cytochrom-c-Reduktase)

Im Komplex III werden nur die Elektronen von Ubichinol übernommen und auf 2 Cytochrom c übertragen (Am Wasserrad III wird das Wasser vom Rollcontainer (uni) auf den kleineren Rollcontainer (kariert) umgeladen).

In diesem Komplex kommen die Wasserstoffatome also erstmals nicht von vorangegangenen Stoffwechselfolgen, sondern von den Komplexen I und II der Atmungskette – übertragen durch Ubichinol.

Was passiert im Einzelnen? Ubichinol wird vom Komplex III zu Ubichinon oxidiert. Dabei werden NUR die Elektronen übernommen. Vom Komplex III gelangen die 2 Elektronen auf 2 Moleküle Cytochrom c (kurz: 1 reduziertes Cytochrom c überträgt 1 Elektron). Bei den Redoxvorgängen gehen die Cytochrome vom Fe^{3+}- in den Fe^{2+}-Zustand (und umgekehrt) über, anders gesagt: Ihre Funktion beruht auf einer Wertigkeitsänderung des Eisens.

- Cytochrome bestehen aus Häm und Protein. Durch die unterschiedlichen Proteinanteile entstehen unterschiedliche Hämoproteine.
- Bei diesem Elektronentransport werden wieder Protonen in den Intermembranraum gepumpt.

> **Merke!**
> - Im Komplex III werden Elektronen von Ubichinol auf Cytochrom c übertragen.
> - Komplex III enthält Cytochrom b und Eisen-Schwefel-Komplexe (proteingebundenes Eisen in Nicht-Häm-Form) als prosthetische Gruppen.

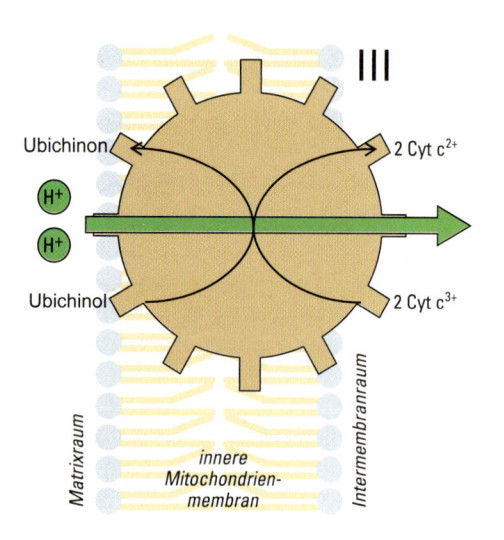

Abb. 52: Atmungskette, der Weg durch Komplex III
medi-learn.de/6-bc1-52

Abb. 53: Atmungskette, Komplex III
medi-learn.de/6-bc1-53

4.2.2 Komplexe I-IV (Wasserräder)

Komplex IV = Cytochromoxidase

Im Komplex IV werden die Elektronen von zwei Molekülen Cytochrom c auf ½ O_2 übertragen (Am Wasserrad IV wird das Wasser vom karierten Rollcontainer übertragen, verlässt dann den Kanal und fließt in den See).

> **Merke!**
> - Im Komplex IV werden Elektronen von Cytochrom c auf Sauerstoff übertragen.
> - Komplex IV enthält Cytochrom a und Cytochrom a_3, aber **KEINE** Eisen-Schwefel-Komplexe (proteingebundenes Eisen in Nicht-Häm-Form).

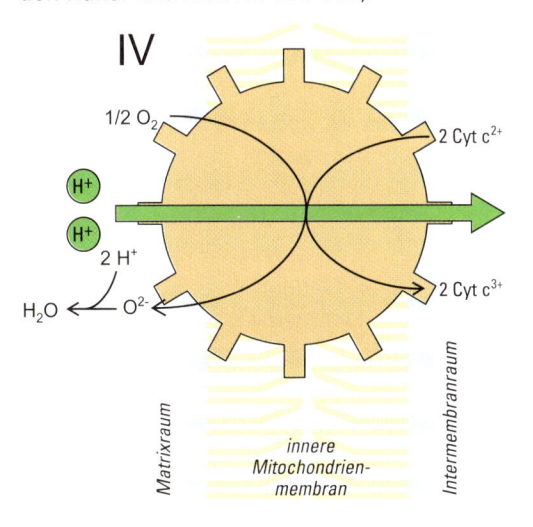

Abb. 54: Atmungskette, der Weg durch Komplex IV
medi-learn.de/6-bc1-54

Was passiert im Einzelnen? Cytochrom c wird unter Mitwirkung der Cytochromoxidase von ½ O_2 oxidiert. Dabei entsteht ein O^{2-}, das in die Mitochondrienmatrix diffundiert und sich dort mit zwei H^+-Ionen zu H_2O verbindet. Damit ist die Knallgasreaktion vollzogen:

$$2 \text{ Cyt c (Fe}^{2+}) + \tfrac{1}{2} O_2 \rightarrow 2 \text{ Cyt c (Fe}^{3+}) + O^{2-}$$
$$O^{2-} + 2H^+ \rightarrow H_2O$$

Abb. 55: Atmungskette, Komplex IV
medi-learn.de/6-bc1-55

Cytochrom c ist ein Überträgermolekül. Es verbindet die Komplexe III und IV und ist **daher NICHT an die Cytochromoxidase** (Komplex IV) **gebunden**.
Die Cytochromoxidase ist kupferabhängig. Bei diesem Elektronentransport werden Protonen vom Matrixraum in den Intermembranraum gepumpt.

Zusammenfassung Elektronentransport und Komplex I-IV

Warum gelangen die Elektronen überhaupt vom NADH + H^+ zum O_2? Bitte dazu noch mal kurz an die Grundlagen erinnern, dort findest du eine Antwort auf diese Frage (s. 1.1.5, S. 3).
Die Elektronen fließen in der Atmungskette entlang der Spannungsreihe (Gefälle/abnehmende Höhe des Kanals). NADH+H^+ hat eine sehr negatives Redoxpotenzial, H_2O ein positives. Während der Atmungskette wird das Redoxpotenzial immer ein wenig positiver, also ist das in der Kette weiter hinten stehende Molekül in der Lage, dem vorderen seine Elektronen abzuluchsen und das tut es dann auch.

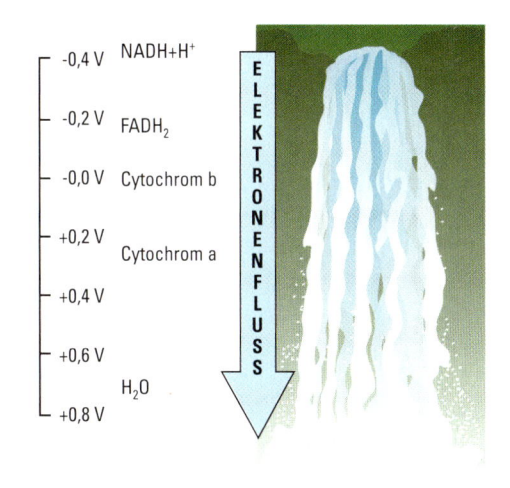

Abb. 56: Atmungskette, Spannungsreihe nach Redoxpotenzial
medi-learn.de/6-bc1-56

4 Atmungskette – oder: Warum atmen wir eigentlich?

In den Komplexen I–IV (Wasserräder) durchlaufen H-Atome/Elektronen (Wasser) die Spannungsreihe (Kanalabschüssigkeit). Die bei diesen Oxidationen freigesetzte Energie wird genutzt, um Protonen (Bälle) vom Matrixraum in den Intermembranraum zu pumpen.

Nur die Komplexe I, III und IV sind Protonenpumpen, Komplex II nicht. Die Komplexe I, III und IV ragen deshalb auch durch die innere Mitochondrienmembran hindurch (vom Matrixraum bis zum Intermembranraum), während sich Komplex II an der Innenseite (dem Matrixraum zugewandt) der inneren Mitochondrienmembran befindet.

4.2.3 Übertragermoleküle (Container)

Als nächstes sollte deine Aufmerksamkeit den Übertragermolekülen gelten. Sie können sich frei bewegen und somit die dort fest verankerten Komplexe miteinander verbinden. Als Übertragermoleküle fungieren Ubichinol und Cytochrom c, die beide auch Redoxcoenzyme sind.

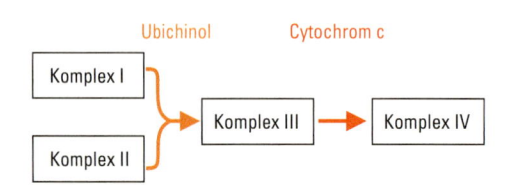

Abb. 57: Atmungskette, Übertragermoleküle

medi-learn.de/6-bc1-57

Cytochrom c ist kein integraler Bestandteil der Mitochondrienmembran, sondern befindet sich membranassoziiert im Intermembranraum.

4.2.4 Komplex V – die ATP-Synthase (Turbine)

Der letzte Komplex der Atmungskette ist vollkommen anders als die Komplexe I–IV. Er ist zwar auch in der inneren Mitochondrienmembran lokalisiert, aber für die Rückführung der in den Intermembranraum gepumpten Protonen zum Matrixraum verantwortlich.

Der Protonenüberschuss im Intermembranraum erzeugt eine elektrochemische **Potenzialdifferenz** (mehr positive Ladungen und niedriger pH-Wert durch die vielen H^+-Ionen), mit der Folge, dass die Protonen wieder zurück in den Matrixraum drängen. Diese Kraft wird im Komplex V zur ATP-Synthese genutzt (Im Modell ist der Komplex V als Turbine dargestellt. Auf der hinteren Kanalseite ist ein Ballüberschuss. Beim Durchfluss der Bälle durch die Turbine wird Energie erzeugt).

Aufbau: Der Komplex V besteht aus einem F_0- und einem F_1-Teil. Der F_0-Teil ist ein in die innere Mitochondrienmembran integrierter Bestandteil und enthält einen Protonenkanal, durch den die H^+-Ionen in den Matrixraum zurück diffundieren. Der F_1-Teil ragt pilzförmig in die Mitochondrienmatrix und ist die eigentliche ATP-Synthase, d. h., hier wird die ATP-Synthese aus ADP und Phosphat katalysiert. Die ATP-Synthese läuft nun folgendermaßen ab: Durch den Protonengradient angetrieben, strömen die Protonen durch die F_0/F_1-ATPase zurück in den Matrixraum. Dieser Protonenfluss bewirkt über eine Drehbewegung im F_1-Teil die Freisetzung von gebundenem ATP. Dabei werden ca. drei Protonen zur Synthese von maximal einem ATP benötigt.

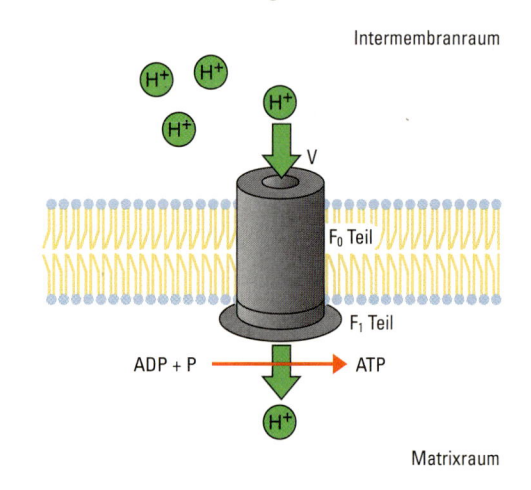

Abb. 58: Atmungskette, Komplex V

medi-learn.de/6-bc1-58

4.3 Der Weg durch die Atmungskette

> **Merke!**
>
> Komplex V
> - ist zuständig für die ATP Bildung,
> - ist in der inneren Mitochondrienmembran lokalisiert,
> - besteht aus einem F_0- und einem F_1-Teil und
> - ist eine protonengetriebene ATP-Synthase.

ATP kann auf verschiedene Arten synthetisiert werden. Kurz zusammengefasst kann ATP regeneriert werden über Phosphorylierung von ADP durch
- die mitochondriale F_0F_1-ATPase (oxidative Phosphorylierung),
- Phosphoglyceratkinase (Glykolyse),
- Pyruvatkinase (Glykolyse),
- Adenylat Kinase (s. Abb. 71, S. 64),
- Kreatinkinase (s. S. 62) und
- Succinat Thiokinase (Citratzyklus, s. Abb. 38, S. 31), hier wird allerdings GTP synthetisiert.

4.3 Der Weg durch die Atmungskette

In diesem Abschnitt steht die Reihenfolge der einzelnen Schritte innerhalb der Atmungskette im Vordergrund:
- NADH + H$^+$ kommt von den katabolen Stoffwechselvorgängen. Es ist ein lösliches Coenzym und kann daher zum Komplex I dif-

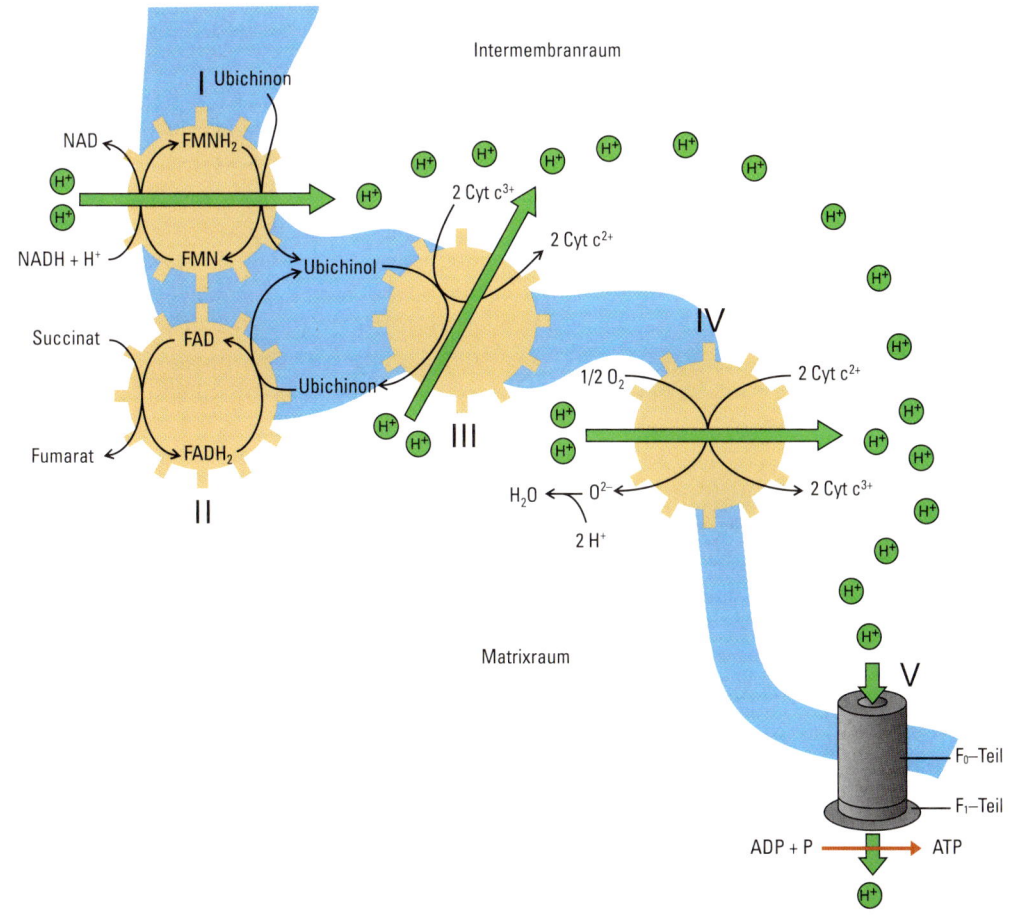

Die innere Mitochondrienmembran ist nur aus Gründen der besseren Darstellbarkeit ungleichmäßig dick gezeichnet.

Abb. 59: Weg durch die Atmungskette   *medi-learn.de/6-bc1-59*

4 Atmungskette – oder: Warum atmen wir eigentlich?

fundieren. Im Komplex I wird es durch die NADH-Ubichinon-Reduktase oxidiert. Die Wasserstoffatome werden von FMN übernommen und an Ubichinon abgegeben, das dadurch zum Ubichinol reduziert wird.
Durch den Komplex I werden Protonen vom Matrixraum in den Intermembranraum gepumpt.

- Im Komplex II wird Succinat durch die Succinat-Ubichinon-Reduktase oxidiert. Die Wasserstoffatome werden von FAD übernommen und an Ubichinon abgegeben, das dadurch zum Ubichinol reduziert wird.
Der Komplex II, der an der Innenseite der inneren Mitochondrienmembran sitzt, ist NICHT in der Lage, Protonen in den Intermembranraum zu pumpen.
- Von nun an haben alle Wasserstoffatome den gleichen Weg: Ubichinol wandert innerhalb der Mitochondrienmembran zum Komplex III. Hier werden die Elektronen auf Cytochrom c übertragen.
Durch den Komplex III werden auch wieder Protonen vom Matrixraum in den Intermembranraum gepumpt.
- Cytochrom c wandert zum Komplex IV. Hier wird Sauerstoff zu O^{2-} reduziert und reagiert mit 2 H^+-Ionen zu H_2O. Damit ist der Elektronentransport durch die Atmungskette abgeschlossen.
Auch der Komplex IV transportiert Protonen vom Matrixraum in den Intermembranraum.

Durch all dieses Pumpen der Protonen in den Intermembranraum ist dort ein Protonenüberschuss entstanden, der einen Protonengradienten und damit ein Membranpotenzial erzeugt.

- Im Komplex V wird diese protonenmotorische Kraft (elektrochemischer Gradient) ausgenutzt. Die Protonen streben wieder zurück an den Ort der niedrigen Konzentration (zurück in den Matrixraum) und fließen dabei durch den Komplex V, dessen F_1-Teil eine ATP-Synthase beinhaltet. Beim Rückfluss der Protonen in den Matrixraum wird so ATP gebildet.

$FADH_2$ entsteht nicht nur im Citratzyklus, sondern auch beim Fettsäureabbau und beim Glycerophosphat-Shuttle. Auch diese Redoxäquivalente werden direkt in die Atmungskette eingeschleust und auf Ubichinon übertragen, das dadurch zu Ubichinol reduziert wird. Sie gelangen dabei nicht über den Komplex II zur Atmungskette, sondern über ihre eigenen Abbauenzyme, werden aber an der gleichen „Stelle" eingeschleust. Ihr Abbauenzym ist:
- die Glycerinphosphatdehydrogenase aus dem Glycerophosphat-Shuttle (s. Abb. 25, S. 19) oder
- die Acyl-CoA-Dehydrogenase aus der β-Oxidation (s. Skript Biochemie 7).

4.4 Die Atmungskette: Schwerpunkt Redoxreihe

In Abb. 60 ist die Atmungskette aus dem Blickwinkel der Spannungsreihe dargestellt. Die einzelnen Coenzyme sind in ihrer Redoxhierarchie aufgezeichnet, die sich im Ablauf widerspiegelt.

Die Energie zur Phosphorylierung von ADP wird von Redoxprozessen bereitgestellt. Man nennt den Mechanismus der Atmungskette daher auch **oxidative Phosphorylierung** (vgl. Substratkettenphosphorylierung, s. S. 31).

4.5 Energiebilanz der Atmungskette

Wenn die Protonen (Bälle) die ATP-Synthase passieren, wird ATP gebildet: Pro synthetisiertem ATP werden dafür ca. drei Protonen benötigt. Pro reduziertem NADH + H^+ werden ca. zehn Protonen in den Intermembranraum gepumpt, pro reduziertem $FADH_2$ sind das immerhin noch sechs Protonen (Remember: Komplex II kann KEINE Protonen pumpen). Das bedeutet in der Theorie, dass pro oxidiertem NADH + H^+ drei ATP und pro oxidiertem $FADH_2$ 2 ATP entstehen. In der Praxis ist es, wie so oft, etwas anders. Der Grund dafür lautet: Es werden noch Protonen für andere Zwecke verwendet, sodass nicht alle gepumpten Protonen in die ATP-Synthese einfließen und rech-

4.5 Energiebilanz der Atmungskette

nerisch daher etwas weniger ATP pro oxidiertem Coenzym entsteht.

> **Merke!**
> - Pro oxidiertem NADH + H$^+$ entstehen ca. 2,5 ATP.
> - Pro oxidiertem FADH$_2$ entstehen ca. 1,5 ATP.

Übrigens ...
Die exakte Zahl der gepumpten Protonen ist etwas komplizierter herzuleiten. Für das Physikum sind diese Zahlen jedoch nicht wichtig, sodass hier der Einfachheit halber mit etwas gerundeten Angaben gearbeitet wird.

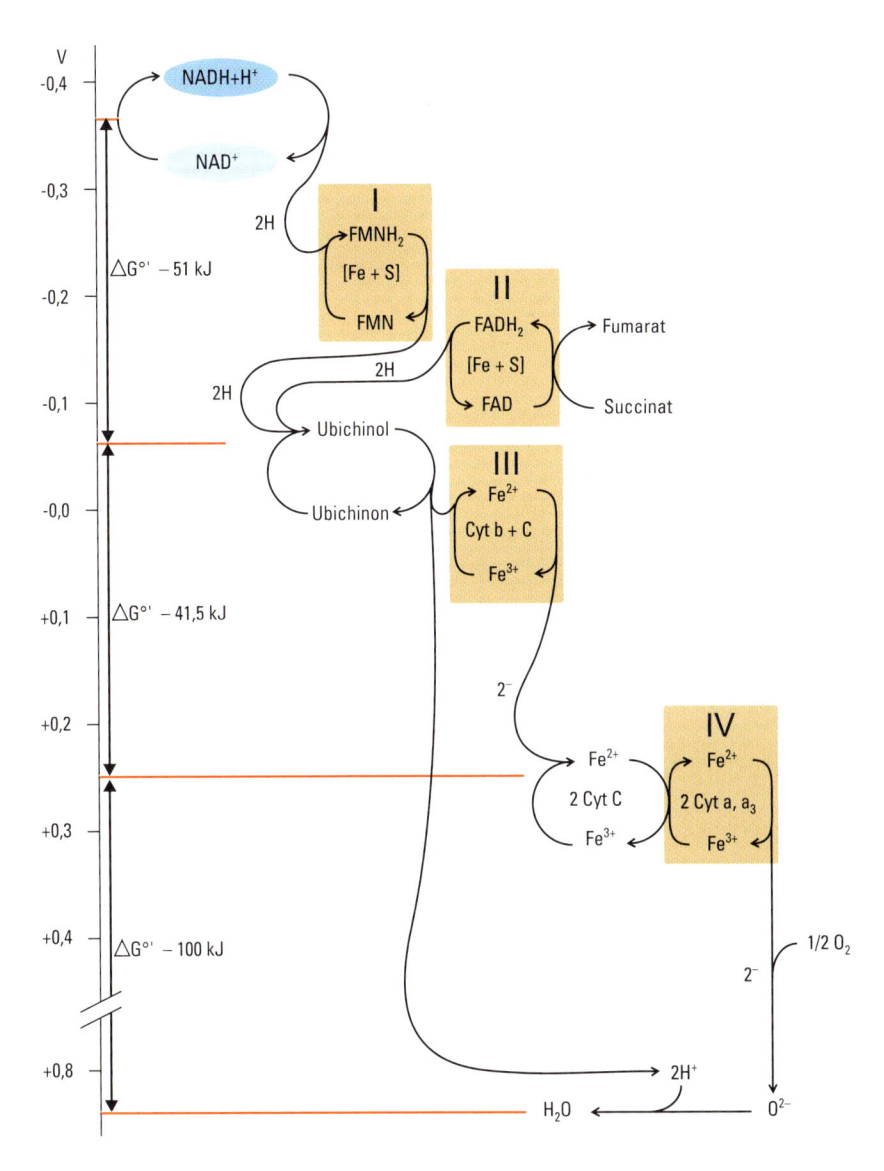

Abb. 60: Atmungskette, Schwerpunkt Redoxreihe

medi-learn.de/6-bc1-60

4 Atmungskette – oder: Warum atmen wir eigentlich?

4.6 Regulation der Atmungskette

Die Regulation der Atmungskette gehört zu den Themen in der Biochemie, die ausnahmsweise mal richtig schön sind. Schön, weil sie logisch sind und man sie sich deswegen gut merken kann:
In der Atmungskette wird ATP synthetisiert und ADP verbraucht. Viel ADP ist daher ein Zeichen von Energiemangel in der Zelle. Da dieses Molekül den Energiehaushalt der Zelle so gut widerspiegelt, läuft über seine Konzentration auch die Regulation der Atmungskette (s. Abb. 61, S. 52):
– Ist der ADP-Gehalt der Zelle erschöpft (1),
– kann die ATP-Synthase (2) nicht mehr arbeiten, also aufgrund von ADP-Mangel kein ATP mehr synthetisieren und somit auch den Protonengradienten nicht abbauen.
– Der Protonenüberschuss im Intermembranraum hemmt dann die Komplexe I–IV (3), es findet kein Elektronentransport mehr statt.
– Die reduzierten Redoxcoenzyme können dann nicht mehr abgebaut werden (4), ebenso kommt der Citratzyklus zum Erliegen.

> **Merke!**
>
> Der Hauptregulator der Atmungskette ist die ADP-Konzentration:
> – Ist sie erhöht, ist das gleichbedeutend mit Energiemangel und die Atmungskette wird angetrieben.
> – Ist sie erniedrigt, herrscht ein Energieüberschuss in der Zelle und die Atmungskette wird gehemmt.

Übrigens ...
Die ATP-Konzentration hat keine regulative Funktion auf die Atmungskette, auch wenn es im Schriftlichen als Lösungsmöglichkeit angeboten wird.

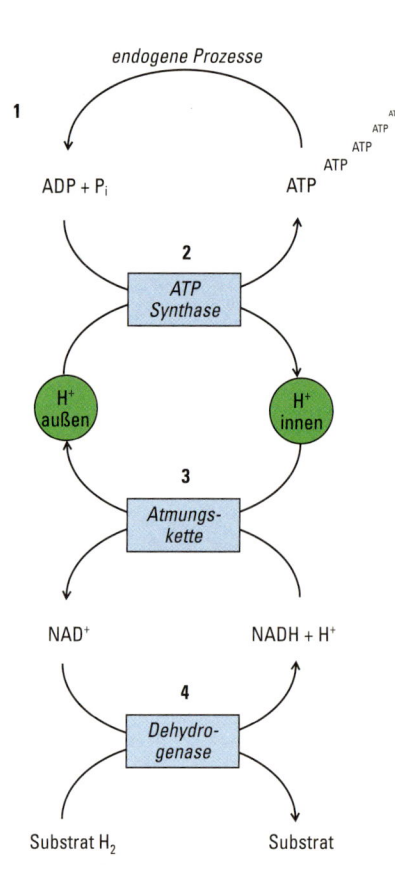

Abb. 61: Atmungskette, Regulation

medi-learn.de/6-bc1-61

Eine weitere Regulationsmöglichkeit bietet die ATP-ADP-Translokase. Wie schon im Grundlagenteil angesprochen (s. 1.4.2, S. 16), kann ATP die innere Mitochondrienmembran nicht passieren. Zu diesem Zweck gibt es einen speziellen Antiport: die ATP-ADP-Translokase, die ATP in das Zytosol und ADP ins Mitochondrium transportiert. Kommt es hier zu einer Schädigung, ist die ADP-Konzentration im Mitochondrium auch erniedrigt und täuscht einen Energieüberschuss vor. Folge: Die Atmungskette wird gehemmt.
Bei einem Transportzyklus geht ein ADP^{3-} ins Mitochondrium im Austausch gegen ein ATP^{4-}. Der Intermembranraum wird dadurch um eine Ladung negativer. Dies gleicht den dort herrschenden Protonenüberschuss der Atmungskette ein wenig aus und ist ein Grund für den

4.7 Beeinflussung der Atmungskette

zusätzlichen Verbrauch von Protonen im Intermembranraum und der damit verbundenen krummen Zahl des ATP-Gewinns (s. 4.5, S. 50).

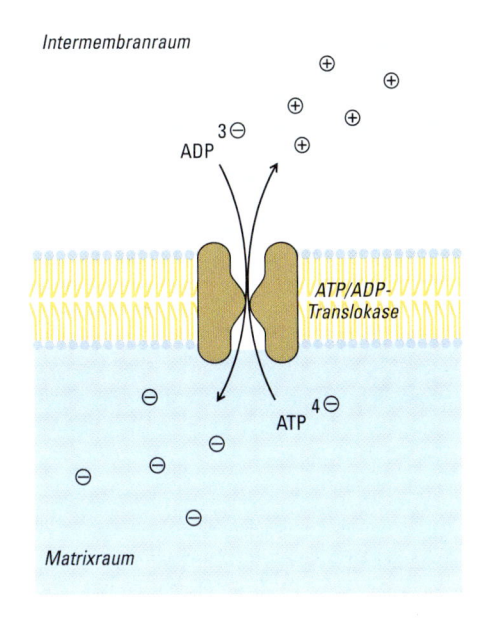

Abb. 62: Atmungskette, ATP/ADP-Translokase

medi-learn.de/6-bc1-62

> **Merke!**
>
> Der ADP-Transport ins Mitochondrium wird durch eine ATP-ADP-Translokase katalysiert. Ihre Hemmung bewirkt auch eine Hemmung der Atmungskette.

4.7 Beeinflussung der Atmungskette

Diese Überschrift mag ein bisschen seltsam klingen, heißt dieses Kapitel normalerweise doch Hemmstoffe der Atmungskette. Die Atmungskette kann jedoch auf zwei unterschiedliche Weisen gestört werden: Sie kann gehemmt oder entkoppelt sein. Um daher der Verwirrung vorzubeugen, die entstehen kann, wenn Hemmer und Entkoppler unter Hemmstoffen eingeordnet werden, lautet die Überschrift hier ganz neutral „Beeinflussung der Atmungskette".

> **Merke!**
>
> Die Atmungskette kann durch zwei verschiedene Arten beeinträchtigt werden:
> - Hemmung und
> - Entkopplung.

Um diese beiden voneinander zu unterscheiden, ist der P/O-Quotient hilfreich:
Als P/O-Quotient bezeichnet man das Verhältnis von gewonnenem ATP zu verbrauchtem Sauerstoff.

$$\text{P/O Quotient} = \frac{\text{gewonnenes ATP}}{\text{verbrauchtes } O_2}$$

Für jedes oxidierte NADH + H$^+$/FADH$_2$ in der Atmungskette wird ein Sauerstoff für die Knallgasreaktion verbraucht. Damit entstehen
- pro oxidiertem NADH + H$^+$ 2,5 ATP.
  Der P/O Quotient = 2,5/1, also 2,5
- pro oxidiertem FADH$_2$ 1,5 ATP.
  Der P/O Quotient = 1,5/1, also 1,5.

4.7.1 Hemmung der Atmungskette

Die Hemmung der Atmungskette lässt sich an unserem Modell wunderschön darstellen: Wenn du dir vorstellst, dass eine Mauer oder Barrikade den Kanal an beliebiger Stelle versperren würde, kann das Wasser an dieser Stelle durch die Rollcontainer nicht mehr weitertransportiert werden. Es werden so auch keine Bälle über die Wasserräder auf die hintere Kanalseite gepumpt und die Turbine erzeugt keine Energie.
Die Hemmstoffe der Atmungskette bauen diese Art Mauer. Dadurch wird die Atmungskette an einer Stelle blockiert und es kann kein Elektronentransport stattfinden. Ohne Elektronentransport findet im Komplex IV

4 Atmungskette – oder: Warum atmen wir eigentlich?

jedoch auch keine Sauerstoffreduktion statt. Es wird also auch KEIN Sauerstoff verbraucht.

Von den vielen Stoffen, die an unterschiedlichen Stellen die Atmungskette blockieren, werden im Physikum nur zwei gefragt:
- Die Barbiturate (früher verwendete Schlafmittel) hemmen den Komplex I, und zwar blockieren sie dort die Wasserstoffübertragung von FMN auf Ubichinon (Coenzym Q).
- Die Blausäure (HCN) hemmt den Komplex IV (Cytochromoxidase), und zwar blockiert sie die Elektronenübertragung von Cytochrom c auf Sauerstoff. Dabei binden die Cyanid-Ionen an das Häm-Eisen der Cytochromoxidase. Dadurch „stauen" sich die Elektronen zurück. Nach wenigen Sekunden liegen alle Komplexe und Überträgerstoffe in reduzierter Form vor. Somit fließen keine Elektronen mehr durch die Komplexe. Sie fallen damit auch nicht mehr auf tiefere Energieniveaus und somit werden keine Protonen mehr von den vorausgehenden Komplexen gepumpt. Die Toxizität von Cyanid-Ionen beruht auf der Bindung an das Häm-Eisen der Cytochromoxidase.
Achtung: Es wird die Cytochromoxidase, nicht aber Cytochrom c gehemmt.

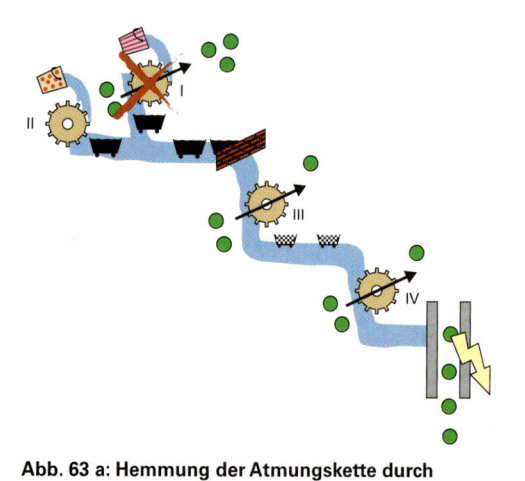

Übrigens …
Das Anion der Blausäure ist CN⁻ und heißt Cyanid-Ion. Es wirkt genauso wie die Blausäure selbst und taucht gerne mal stellvertretend in den Fragen des schriftlichen Examens auf. Aufgrund der unterschiedlichen Wirkung der beiden Medikamente auf die Atmungskette, verläuft eine Blausäure-Vergiftung durch die komplett blockierte Zellatmung (innere Erstickung) in aller Regel sehr schnell tödlich.

FMN $\xrightarrow{I}$ Ubichinon $\xrightarrow{III}$ Cyt c $\xrightarrow{IV}$ O$_2$

Barbiturate   CN⁻

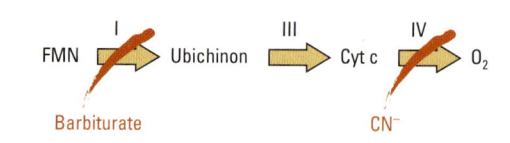

Abb. 64: Atmungskette, Hemmstoffe

medi-learn.de/6-bc1-64

> **Merke!**
> - Barbiturate hemmen die Wasserstoffübertragung auf Ubichinon.
> - Cyanid-Ionen hemmen die Cytochromoxidase.

Abb. 63 a: Hemmung der Atmungskette durch Barbiturate   *medi-learn.de/6-bc1-63a*

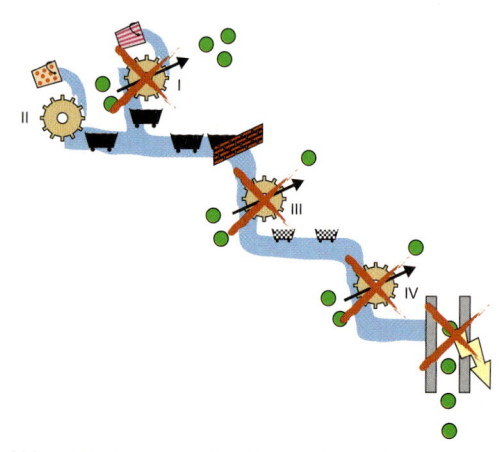

Abb. 63 b: Hemmung der Atmungskette durch Blausäure   *medi-learn.de/6-bc1-63b*

4.7.2 Entkoppler der Atmungskette

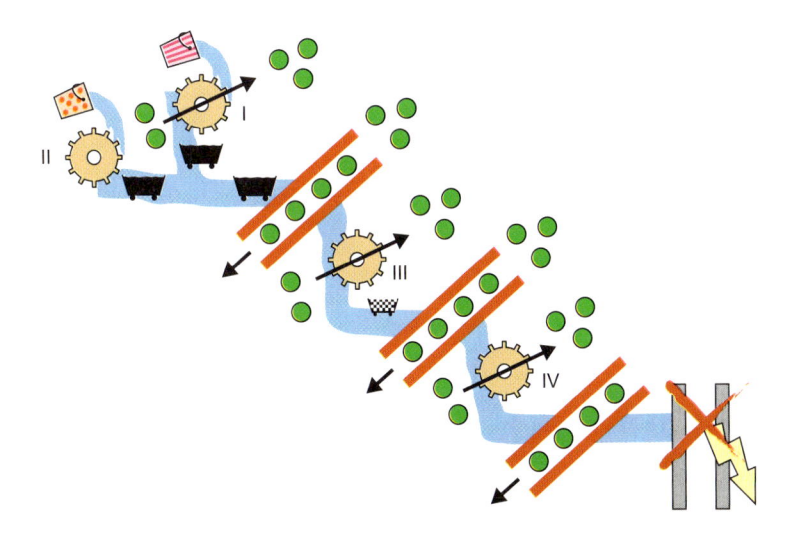

Auch die Entkopplung der Atmungskette lässt sich am Kanalmodell gut veranschaulichen. Wenn du dir vorstellst, dass eine zusätzliche Verbindung zwischen hinterer und vorderer Kanalseite (neben der Turbine) eingebaut wird, können die Bälle auch über diese Verbindung wieder zurückströmen und damit die Turbine umgehen. Beim Fluss über diese Umleitung wird jedoch KEINE Energie erzeugt. Der sonstige Ablauf ist nicht gestört: Es wird weiterhin Wasser durch den Kanal transportiert und die Wasserräder pumpen Bälle. Der Ballüberschuss auf der hinteren Kanalseite wird jedoch ohne Energieerzeugung sofort wieder abgebaut. Damit ist die Energieerzeugung vom Wassertransport gelöst (entkoppelt) worden. Die Substanzen, die die Atmungskette entkoppeln, bewirken diese Art von Zusatzverbindung. Den Protonen steht so ein alternativer Weg zurück in den Matrixraum zur Verfügung, ohne durch die ATP-Synthase zu müssen. Bei entkoppelter Atmungskette findet der Elektronentransport unabhängig von der ATP-Synthese statt. Da der Elektronentransport weiterläuft, wird aber auch Sauerstoff verbraucht. Da Sauerstoff verbraucht, aber viel weniger ATP erzeugt wird, sinkt der P/O-Quotient. Die frei werdende Energie geht dabei in Form von Wärme verloren (s. Abb. 66, S. 56):

- ATP-Synthese findet kaum statt (1).
- Die beim Protonenfluss frei werdende Energie geht als Wärme verloren (2).
- Da der Protonenüberschuss im Intermembranraum weiter abgebaut wird, läuft auch der Elektronentransport weiterhin ab (3).
- Die reduzierten Coenzyme geben ihre Wasserstoffatome ungehindert in die Atmungskette und es kommt NICHT zu einem NADH + H$^+$-Überschuss.
- **Glykolyse, Pyruvatdehydrogenasereaktion und Citratzyklus** werden NICHT gehemmt, sondern laufen sogar **beschleunigt** ab und reduzieren weiterhin Coenzyme.

Merke!

Bei der Entkopplung der Atmungskette
- wird der Elektronentransport von der ATP-Bildung getrennt und
- Wärme wird freigesetzt.

Abb. 65: Entkopplung der Atmungskette

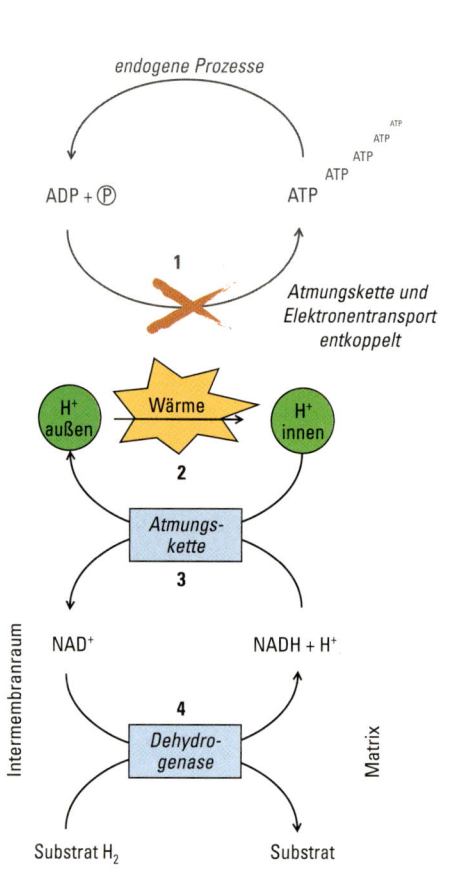

4 Atmungskette – oder: Warum atmen wir eigentlich?

Abb. 66: Atmungskette, Folgen der Entkopplung

medi-learn.de/6-bc1-66

Entkoppler beeinträchtigen den Elektronentransport NICHT. Sie bewirken damit auch **KEINE Umkehr**, sondern führen höchstens zu einem noch schnelleren Ablauf des Transports.

Durch die Entkopplung des Elektronentransportes von der ATP-Bildung kann die Regulation der Atmungskette über die ADP-Konzentration (s. 4.6, S. 52) nicht mehr greifen. Es kommt sogar zu einer Beschleunigung des Elektronentransportes und damit zu einem erhöhten **Sauerstoffverbrauch**.

Welches sind nun die Entkoppler der Atmungskette? Auch zu diesem Thema werden im Examen glücklicherweise nur zwei Wirkstoffe verlangt. Ein physiologischer und ein pathologischer:

– Physiologisch? Wie kann ein Stoff, der die Atmung von der Energieerzeugung trennt, physiologisch sein? Der entscheidende Punkt ist, dass bei der Entkopplung Wärme freigesetzt wird. Das ist z. B. bei der zitterfreien Wärmebildung im braunen Fettgewebe gewollt. Das physiologische Protein **Thermogenin** – ein Protonenkanal – wird dazu bei einem Kältereiz kontrolliert in die innere Mitochondrienmembran eingebaut. Auf diese Weise wird wohl dosiert Wärme produziert.
– Der pathologische Vertreter ist das Dinitrophenol, ein lipophiles Molekül, das sich in die Membran einlagert und auf der Intermembranseite Protonen aufnimmt, sie durch die Membran schleust und auf der Matrixseite wieder abgibt.

Merke!

– Thermogenin ist ein physiologischer, Dinitrophenol ein pathologischer Entkoppler der Atmungskette.

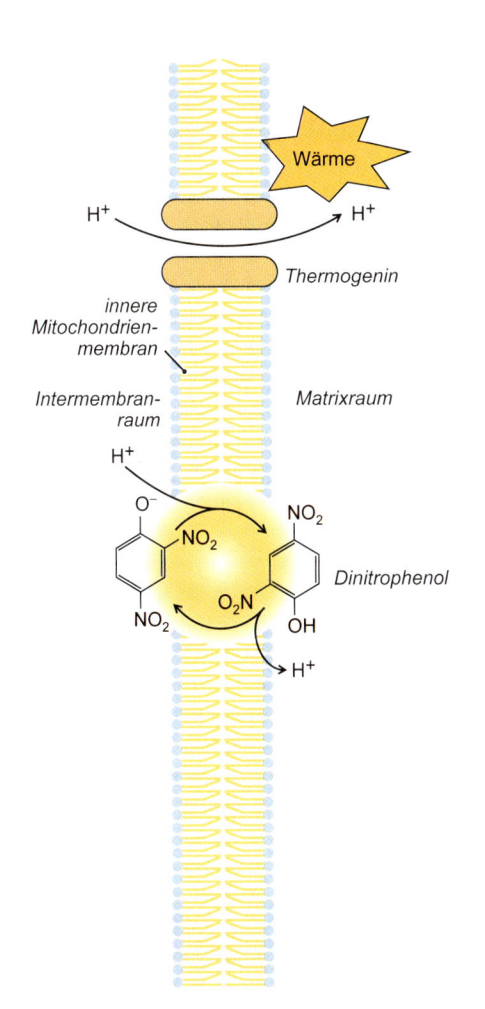

4.7.3 Zusammenfassung der Blockierer der Atmungskette

Abb. 67: Entkoppler der Atmungskette

medi-learn.de/6-bc1-67

4.7.3 Zusammenfassung der Blockierer der Atmungskette

	Hemmung	Entkopplung
Was passiert?	gezielte Blockade eines Komplexes; es findet weder Elektronentransport noch Sauerstoffverbrauch statt.	Protonen werden am Komplex V vorbeigeschleust; es kommt zu einer Abtrennung des Elektronentransports von der ATP-Synthese.
Stoffe	– Barbitursäure (Komplex I) – Cyanid (Komplex IV)	– Dinitrophenol – Thermogenin
P/O-Quotient	bleibt gleich	sinkt

Tab. 7: Vergleich: Hemmung & Entkopplung

DAS BRINGT PUNKTE

Zur **Atmungskette** solltest du unbedingt wissen, dass
- Cytochrom c nicht an die Cytochromoxidase gebunden ist,
- Hämoglobin und Cytochrom c sich durch die Art der Bindung an ihre Proteinkomponente unterscheiden,
- die Cytochromoxidase **KEIN proteingebundenes Eisen in Nicht-Häm-Form** enthält,
- die Succinatdehydrogenase
  - membrangebunden ist.
  - ein Teil des Komplexes II der Atmungskette ist.
  - kovalent gebundenes FAD als prosthetische Gruppe enthält.
  - Eisen-Schwefel-Komplexe enthält.
- Reduktionsäquivalente für die Atmungskette geliefert werden
  - vom Citratzyklus,
  - von der β-Oxidation,
  - von der Pyruvatdehydrogenasereaktion,
  - von der oxidativen Desaminierung von Glutamat.
- die ATP-Synthase auf der Innenseite der inneren Mitochondrienmembran die ATP-Synthese aus zytosolischem ADP und Phosphat katalysiert,
- Komplex II KEINE Protonen pumpt,
- die Atmungskette durch die mitochondriale ADP-Konzentration reguliert wird,
- Entkoppler keine direkte Wirkung auf den Elektronenfluss der Atmungskette haben, höchstens zu einem schnelleren Transport führen, aber KEINE Umkehr bewirken und
- Entkopplung der Atmungskette die Abtrennung des Elektronentransports von der ATP-Bildung zur Folge hat. Dadurch kommt es zur Beschleunigung der katabolen Stoffwechselprozesse und zur Wärmebildung.

FÜRS MÜNDLICHE

In der mündlichen Prüfung werden häufig nachfolgende Fragen gestellt:

1. Beschreiben Sie mir bitte kurz das Prinzip der oxidativen Phosphorylierung.

2. Bitte erklären Sie, welche Reaktion die Energie für die ATP Synthese liefert.

3. Bitte erläutern Sie, was eine Oxidation, was eine Reduktion ist.

4. Erklären Sie bitte, was Cytochrome sind.

5. Bitte erklären Sie, wie die Atmungskette gestört werden kann.

6. Erklären Sie mir den Aufbau und die Funktionsweise der ATP-Synthase?

7. Erläutern Sie mir die Funktionsweise der Atmungskette!

8. Inwiefern ist die Spannungsreihe für die Atmungskette von Bedeutung?

9. Welche Entkoppler der Atmungskette kennen Sie?

10. Was ist der Unterschied zwischen Entkopplern und Inhibitoren der Atmungskette?

FÜRS MÜNDLICHE

11. Wo ist die Atmungskette lokalisiert?

12. Wo werden Protonen transportiert?

13. Welche Mechanismen gibt es zur ATP Entstehung?

---

1. Beschreiben Sie mir bitte kurz das Prinzip der oxidativen Phosphorylierung.
Oxidative Phosphorylierung ist die Bezeichnung für den Mechanismus der ATP-Bildung in der Atmungskette. In der Atmungskette werden die bei den katabolen Stoffwechselvorgängen gewonnenen reduzierten Coenzyme oxidiert. Dabei wird ein Protonengradient aufgebaut, der zur ATP-Synthese dient.

2. Bitte erklären Sie welche Reaktion die Energie für die ATP Synthese liefert.
Formal handelt es sich dabei um die Knallgasreaktion: Wasserstoff und Sauerstoff reagieren zu Wasser. Diese Reaktion ist jedoch sehr exergon und würde zur Zerstörung der Zelle führen. In der Atmungskette wird die Energie daher stufenweise freigesetzt.

3. Bitte erläutern Sie, was eine Oxidation, was eine Reduktion ist.
Oxidation bedeutet Elektronenabgabe. Diese ist oft mit Protonen gekoppelt, sodass eine Wasserstoffabgabe auch eine Oxidation darstellt.
Die Reduktion ist das Gegenteil der Oxidation, also eine Elektronenaufnahme.

4. Erklären Sie bitte, was Cytochrome sind.
Cytochrome sind Hämproteine, d. h., dass sie aus einem Proteinanteil und der Häm-Gruppe bestehen.
Die Cytochrome haben in der Atmungskette als Redoxcoenzyme die Funktion der Elektronenübertragung.

5. Bitte erklären Sie, wie die Atmungskette gestört werden kann.
Die Atmungskette kann gehemmt oder entkoppelt sein. Bei der Hemmung wird das ganze System blockiert, es findet weder ATP-Synthese noch Elektronentransport statt. Der P/O-Quotient verändert sich nicht.
Die Entkoppler schleusen Protonen durch die innere Mitochondrienmembran und bauen so den Protonenüberschuss auf der Intermembranseite ab. Es wird viel weniger ATP synthetisiert, der Elektronentransport findet aber noch statt. Somit wird Sauerstoff verbraucht, der P/O-Quotient sinkt, und Wärme wird erzeugt.

6. Erklären Sie mir den Aufbau und die Funktionsweise der ATP-Synthase?
Die ATP-Synthase besteht aus einem F_0- und einem F_1-Teil. Der F_0 Teil ist in die innere Mitochondrienmembran integriert und fungiert als Protonenkanal, durch den die H^+-Ionen wieder in den Matrixraum zurück diffundieren können. Der F_1-Teil ist das eigentliche katalytische Zentrum des Komplexes. Er ragt pilzförmig in den Matrixraum. Die ATP-Synthese erfolgt über eine Drehbewegung des F_1-Teils in drei Schritten:
– ADP + P wird gebunden
– ATP wird synthetisiert
– ATP wird freigesetzt

Die Drehbewegung wird durch den Protonenfluss aufrechterhalten. Pro ATP Synthese werden ca. 3 Protonen benötigt.

7. Erläutern Sie mir die Funktionsweise der Atmungskette!
In der Atmungskette fließen die Elektronen entlang der Spannungsreihe über viele Zwischenschritte von NADH + H^+ zu H_2O. Die bei diesen vielen Oxidationen freigesetzte Energie wird genutzt, um im Intermembranraum einen Protonenüberschuss aufzubauen.
Beim Rückfluss dieser Protonen in den Matrixraum wird durch den Komplex V ATP synthetisiert.

FÜRS MÜNDLICHE

8. Inwiefern ist die Spannungsreihe für die Atmungskette von Bedeutung?
In der Spannungsreihe sind die Moleküle nach ihrer Anziehungskraft auf Elektronen (= Redoxpotenzial) geordnet.
Die Stoffe mit der größten Anziehungskraft auf Elektronen stehen unten, die mit der geringsten oben in der Spannungsreihe. Die Redoxreaktionen in der Atmungskette laufen in dieser Reihenfolge ab, also von NADH + H$^+$ (niedriges Redoxpotenzial = oben in der Spannungsreihe) zu H_2O (hohes Redoxpotenzial = unten in der Spannungsreihe).

9. Welche Entkoppler der Atmungskette kennen Sie?
Entkoppler der Atmungskette sind Moleküle, die als Protonenkanal der inneren Mitochondrienmembran fungieren. Somit wird der Protonengradient ohne ATP-Synthese abgebaut. Es gibt physiologische Entkoppler (Thermogenin) und pathologische (Dinitrophenol).

10. Was ist der Unterschied zwischen Entkopplern und Inhibitoren der Atmungskette?
Im Gegensatz zu den Entkopplern führen die Inhibitoren der Atmungskette zu einer Störung des ganzen Systems. Sie blockieren z. B. die Elektronenübertragung zwischen zwei Komplexen und führen somit dazu, dass kein Protonengradient aufgebaut werden kann. Als klinisch relevanter Inhibitor ist das Cyanid bekannt. Es hemmt die Cytochromoxidase und somit die Übertragung von Elektronen von Cytochrom c auf Sauerstoff.

11. Wo ist die Atmungskette lokalisiert?
Die Atmungskette ist in der inneren Mitochondrienmembran lokalisiert.

12. Wo werden Protonen transportiert?
Der Protonentransport findet im Komplex I, III und IV statt. Der Komplex II kann keine Protonen über die Innere Mitochondrienmembran pumpen.

13. Welche Mechanismen gibt es zur ATP Entstehung?
Es gibt die Substratkettenphosphorylierung, die in der Glykolyse und im Citratzyklus (hier: GTP) zur ATP-Synthese beiträgt. In der Atmungskette wird ATP über die oxidative Phosphorylierung synthetisiert.

Pause

Ein paar Seiten hast du schon wieder geschafft!
Päuschen und weiter geht's!

Ein besonderer Berufsstand braucht besondere Finanzberatung.

Als einzige heilberufespezifische Finanz- und Wirtschaftsberatung in Deutschland bieten wir Ihnen seit Jahrzehnten Lösungen und Services auf höchstem Niveau. Immer ausgerichtet an Ihrem ganz besonderen Bedarf – damit Sie den Rücken frei haben für Ihre anspruchsvolle Arbeit.

- Services und Produktlösungen vom Studium bis zur Niederlassung
- Berufliche und private Finanzplanung
- Beratung zu und Vermittlung von Altersvorsorge, Versicherungen, Finanzierungen, Kapitalanlagen
- Niederlassungsplanung & Praxisvermittlung
- Betriebswirtschaftliche Beratung

Lassen Sie sich beraten!

Nähere Informationen und unseren Repräsentanten vor Ort finden Sie im Internet unter www.aerzte-finanz.de

Deutsche Ärzte Finanz

Standesgemäße Finanz- und Wirtschaftsberatung

5 Muskel

📊 Fragen in den letzten 10 Examen: 6

In diesem Kapitel werden die eben gelernten Fakten an einem beispielhaften und natürlich prüfungsrelevanten Organ betrachtet. Im Muskel finden alle in diesem Skript beschriebenen Reaktionswege statt und die dabei entstandene chemische Energie wird wieder in Bewegungsenergie umgesetzt. Da der Muskel auch Thema der Anatomie und Physiologie ist, konzentrieren wir uns hier nur auf die Schwerpunkte der Biochemie:
- den Muskelstoffwechsel und
- spezielle Aspekte des Muskelaufbaus.

5.1 Muskelstoffwechsel

Die Hauptaufgabe des Muskels ist die Kontraktion, einmal zur Stützung des Knochenskeletts sowie zur Fortbewegung. Um dieser wichtigen Aufgabe gerecht zu werden, gibt es im Muskelstoffwechsel ein paar Besonderheiten. Der Muskel kann unter Umständen riesige Mengen von Energie brauchen und muss, um seine Funktion aufrechtzuerhalten, unwichtige Substrate schnell wieder loswerden können. Wie das funktioniert, wird in diesem Kapitel besprochen.

5.1.1 Energiestoffwechsel

Die Hauptaufgabe des Muskels ist die Kontraktion und die zuständige direkte Energiequelle dafür die ATP-Spaltung. Der ATP-Vorrat im Muskel würde jedoch gerade mal für zwei Sekunden reichen. Da der Mensch aber stundenlange Märsche zurücklegen kann, muss es noch andere Energiequellen geben. Welche das sind und wie sie funktionieren, damit beschäftigt sich der Energiestoffwechsel. Grundsätzlich hat jede Muskelzelle zwei verschiedene Möglichkeiten, ATP für die Kontraktion selbst zu synthetisieren: Je nach O_2-Bedingungen verläuft die ATP-Bildung anaerob oder aerob.

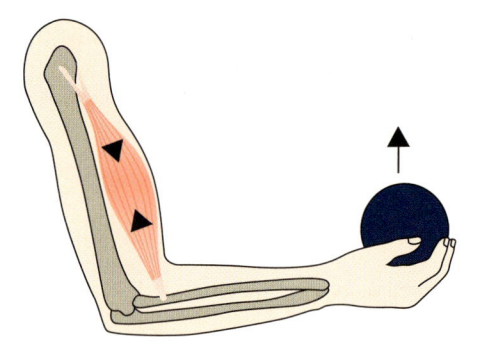

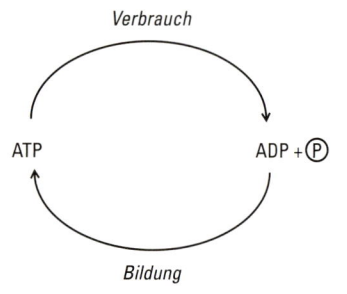

Abb. 68: ATP-Verbrauch bei Kontraktion

medi-learn.de/6-bc1-68

Anaerobe Möglichkeiten der ATP-Bildung

Unter anaeroben Bedingungen hat der Muskel drei verschiedene Möglichkeiten der ATP-Synthese:
- aus Kreatin-Phosphat,
- durch anaerobe Glykolyse und
- über die Adenylat-Kinase.

Kreatin-Phosphat. Die Kreatinkinase katalysiert die Reaktion:

Kreatin-Phosphat + ADP ⇌ Kreatin + ATP
(CK cytosolisch / CK mitochondrial)

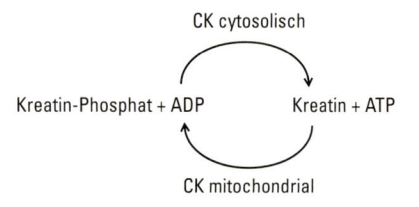

Abb. 69: CK als Katalysator   *medi-learn.de/6-bc1-69*

5.1.1 Energiestoffwechsel

Die Phosphatgruppe wird also von Kreatin-Phosphat auf ADP übertragen, wobei ATP entsteht. Diese Reaktion findet in der Kontraktionsphase im Cytosol statt. Während der Erholungsphase werden die Kreatin-Phosphat-Speicher über die mitochondriale CK wieder aufgefüllt. Die Reaktion ist also reversibel und eine Gleichgewichtsreaktion, wobei das Gleichgewicht auf der Seite der ATP-Bildung liegt.

> **Merke!**
>
> Die Kreatinkinase katalysiert die ATP-Synthese aus Kreatin-Phosphat und ADP. Diese Reaktion ist reversibel.

Doch was ist dieses Kreatin überhaupt? Eine Frage, die im schriftlichen Physikum immer mal wieder gerne auftaucht.
Kreatin ist ein kleines Molekül, dessen Synthese in zwei Teilschritten erfolgt: Im ersten Schritt wird aus Glycin und Arginin in der Niere Guanidinoacetat synthetisiert. Dieses Guanidinoacetat wird dann in einem zweiten Schritt in der Leber durch Methylierung zu Kreatin. Somit findet die eigentliche Kreatinsynthese in der Leber statt.
Nach seinem Transport im Blut zur Muskulatur und seiner Aufnahme durch die Muskelzellen wird dort in der Kreatinkinasereaktion Kreatin-Phosphat gebildet und steht zur ATP-Synthese zur Verfügung. In einer spontanen Reaktion (Lactambildung) wird es in den Muskelzellen zu Kreatinin umgewandelt und schließlich über die Niere ausgeschieden, denn aus Kreatinin kann kein Kreatin mehr gebildet werden. Somit ist diese Substanz für den Muskel unbrauchbar.

> **Merke!**
>
> – Kreatin wird in **der Leber** synthetisiert.
> – Kreatin wird **als Kreatinin** über den Urin ausgeschieden.

Übrigens ...
– Der Kreatinin-Wert im Blut hat hohe klinische Relevanz. Er ist wichtig zur Bestimmung der Kreatinin-Clearance, die eine enorme Bedeutung zur Einschätzung der Leistungsfähigkeit der Niere hat. Die Konzentration des Kreatinins im Blutplasma hängt von Nierenfunktion und Muskelmasse ab.
– Im schriftlichen Physikum nicht aufs Glatteis führen lassen: Kreatin – **nicht Kreatinin** – wird **phosphoryliert zu Kreatinphosphat, Kreatinin** wird über die Niere ausgeschieden.

Nicht nur im Skelettmuskel, sondern auch im Myokard ermöglicht Kreatinphosphat die Rephosphorylierung von ATP. Bei kurz andauernder, intensiver körperlicher Arbeit (Zeitbereich = 6– 8 Sek.) sind ATP und Kreatinphosphat die überwiegend genutzten energieliefernden Substrate der Skelettmuskulatur.

Anaerobe Glykolyse (s. Abb. 69, S. 62). Die anaerobe Glykolyse ist die wichtigste Möglichkeit der anaeroben ATP-Herstellung. Dabei werden 2 ATP und 2 NADH + H$^+$ gebildet. Wegen des O$_2$-Mangels können die Reduktions-

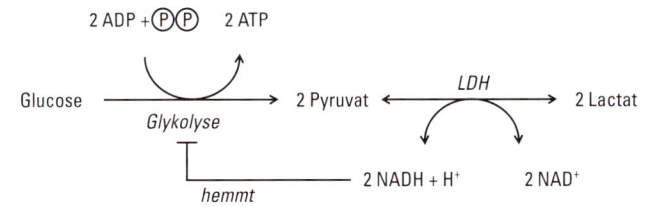

Abb. 70: Anaerobe Glykolyse

5 Muskel

äquivalente NADH + H$^+$ jedoch nicht in der Atmungskette oxidiert werden und häufen sich daher an. Ein NADH + H$^+$-Überschuss führt jedoch zur Hemmung der Glykolyse. Damit würde die ATP-Synthese zum Erliegen kommen, wenn nicht NADH + H$^+$ mit Pyruvat zu NAD$^+$ und **Lactat** oxidiert würde. Genau dies geschieht. Das katalysierende Enzym ist die Lactat-Dehydrogenase (LDH), sie gehört zur Enzymklasse der Oxidoreduktasen.

Adenylat-Kinase. Die Adenylat-Kinase-Reaktion besticht durch ihre Einfachheit. Alles, was diese Enzym tut, ist Phosphorsäurereste umzuverteilen. Wo vorher 2 mal 2 Phosphorsäurereste waren, sind nachher 1 mal 3 Phosphorsäurereste und 1 mal 1 Phosphorsäurerest. Anders ausgedrückt: 2 ADP reagieren mithilfe der Adenylat-Kinase zu 1 ATP und 1 AMP.

2 ADP → AMP
Adenylat-Kinase ↓
ATP

Abb. 71: Adenylat-Kinase-Reaktion

medi-learn.de/6-bc1-71

Aerobe ATP-Gewinnung

Bei der aeroben Glykolyse läuft die Energiegewinnung über die Stoffwechselwege Glykolyse, β-Oxidation, Citratzyklus und Atmungskette. Der O_2-Bedarf wird neben der O_2-Zufuhr über das Blut vom intrazellulären Speicher Myoglobin gedeckt.

Eine Besonderheit hat der Muskel in seinem Kohlenhydratstoffwechsel noch. Er hat die Fähigkeit, Glykogen zu bilden und auf diese Weise Energie in Form von Kohlenhydraten zu speichern. Dieser Speicher wird dann in der Kontraktionsphase abgebaut. Deswegen kommt jetzt noch ein kleiner Exkurs:

Exkurs: Glykogen im Muskel.

> **Merke!**
> – Glykogen ist die Speicherform von Glucose.
> – Diese Speicherform findet sich in Leber, Niere und Muskel.

Zur Energiegewinnung wird Glykogen über die Glykogen-Phosphorylase zu Glucose-1-P abgebaut. An dieser Stelle wird der Abbau reguliert. Anschließend erfolgt die Umlagerung zu Glucose-6-P, das dann in die Glykolyse einfließt.

Im Gegensatz zu Leber und Niere besitzt der **Muskel KEINE Glucose-6-Phosphatase**, kann somit auch aus Glucose-6-P keine freie Glucose bilden und ist daher auch nicht in der Lage, der Anhebung des Blutzuckerspiegels zu dienen. Daher kann **Glukagon** den **Glykogenabbau** im Muskel **NICHT** stimulieren.

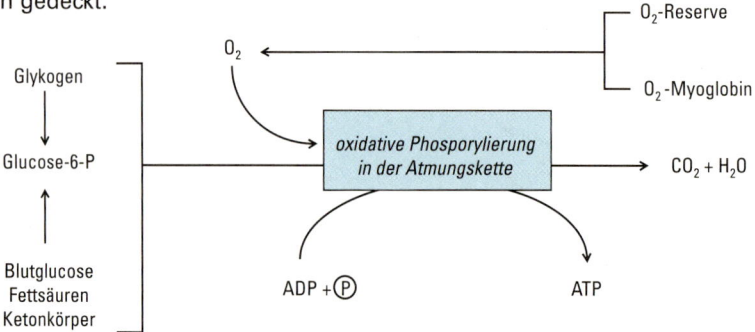

Abb. 72: Aerobe ATP-Gewinnung im Muskel

medi-learn.de/6-bc1-72

5.1.1 Energiestoffwechsel

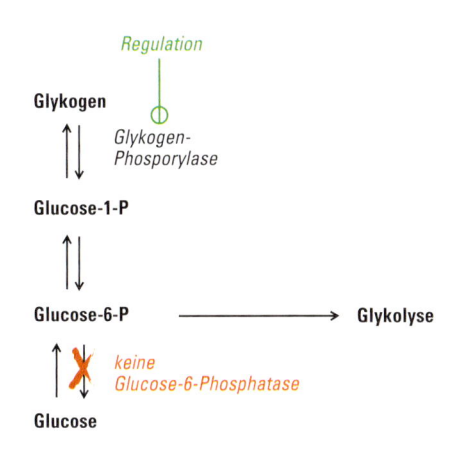

Abb. 73: Glykogenabbau im Muskel

medi-learn.de/6-bc1-73

> **Merke!**
> - Die Muskelzelle verfügt nicht über Glucose-6-Phosphatase und kann somit nicht zur Anhebung des Blutzuckerspiegels beitragen. Es entsteht **KEINE freie Glucose**.
> - Der Muskel speichert Glykogen nur zu seiner eigenen Versorgung.

Jetzt kommt mit der Regulation des Glykogenabbaus im Muskel ein etwas komplizierteres Thema. Wir gehen hier nur auf die Regulation des Abbaus ein, da bis jetzt im Schriftlichen auch nur hierzu Fragen gestellt wurden.

Eine komplette Darstellung findet sich im Skript Biochemie 3. Bis auf das Fehlen der Glucose-6-Phosphatase verläuft der Abbau im Muskel genauso wie in der Leber und den Nieren:
1. Glykogen wird durch die Phosphorylase zu Glucose-1-P abgebaut. An dieser Phosphorylase findet die Regulierung statt.
2. Diese Phosphorylase ist phosphoryliert aktiv (mit einem übertragenem Phosphatrest). Der Phosphatrest wird durch die Phosphorylase-Kinase übertragen. AMP kann die dephosphorylierte Phosphorylase allosterisch

aktivieren und bewirkt somit auch eine Stimulierung der Glykogenolyse.
3. Auch die Phosphorylase-Kinase ist phosphoryliert aktiv.
4. Die Aktivierung der Phosphorylase-Kinase findet mit Ca^{2+}, Calmodulin und
5. durch cAMP-abhängige Phosphorylierung statt.

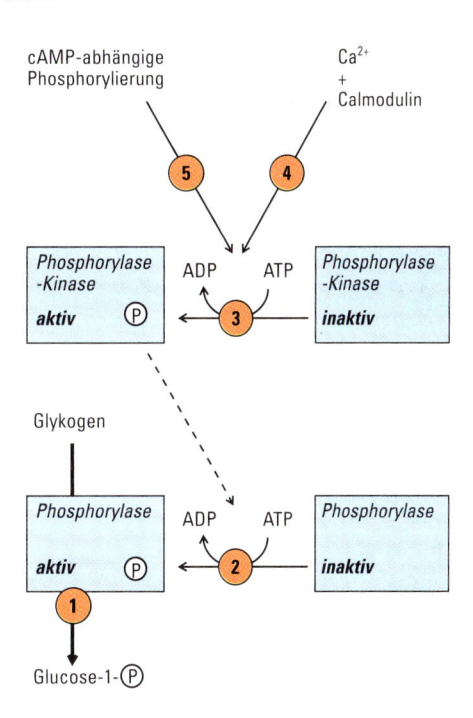

Abb. 74: Regulation des Glykogenabbaus im Muskel

medi-learn.de/6-bc1-74

> **Merke!**
> Zum Glykogenabbau führen:
> - **cAMP-abhängige Phosphorylierung** (über Aktivierung einer Proteinkinase, z. B. durch Adrenalin)
> - **Ca^{2+} und Calmodulin** (über Aktivierung der Phosphorylase-Kinase)
> - **AMP** (über allosterische Aktivierung der Glykogenphosphorylase)

5 Muskel

5.1.2 Cori-Zyklus

Der Cori-Zyklus ist so eine Art Recycling-Vorgang für das Lactat, das bei der anaeroben Glykolyse im Muskel entsteht. Dieses Lactat ist nämlich viel zu wertvoll (also zu energiehaltig), um ausgeschieden zu werden. Daher hat die Muskulatur mit der Leber einen Recycling-Deal ausgehandelt: Sie gibt die für sie wertlose Altware Lactat an die Leber ab, die daraus die allgemein begehrte Neuware Glucose synthetisiert. Die einzelnen Schritte dieses Recyclings sind:
1. Bei anaerober Glykolyse wird im Muskel Lactat synthetisiert und
2. an das Blut abgegeben.
3. Die Leber nimmt dieses Lactat auf und führt es der Gluconeogenese zu, wodurch Glucose entsteht.
4. Die Leber gibt die Glucose wieder an das Blut ab.
5. Der Muskel und andere Organe nehmen bei Bedarf die Glucose auf.

Das Herz ist ein Allesfresser. Bei körperlicher Anstrengung wird das vom Muskel abgegebene Lactat auch insbesondere vom Myokard im oxidativen Stoffwechsel verwertet.

5.1.3 Alanin-Zyklus

Der (Glucose-) Alanin-Zyklus spielt beim Abbau von Muskelproteinen zur Energiegewinnung eine wichtige Rolle. Denn bei der Energiegewinnung für die Muskelkontraktion bleiben auch die Aminosäuren nicht verschont. Auch ihre Kohlenstoffgerüste werden abgebaut. Dabei bleiben die NH_3-Gruppen der Aminosäuren übrig und werden meist auf Pyruvat oder Glutamat übertragen:
– Die Transaminierung von Pyruvat führt zu Alanin. Dieses wird über das Blut zur Leber transportiert und von ihr aufgenommen. In der Leber wird das Kohlenstoffgerüst des Alanins zur Gluconeogenese genutzt und das NH_3 über den Harnstoffzyklus entgiftet.
– Die Aminierung von Glutamat führt zu Glu-

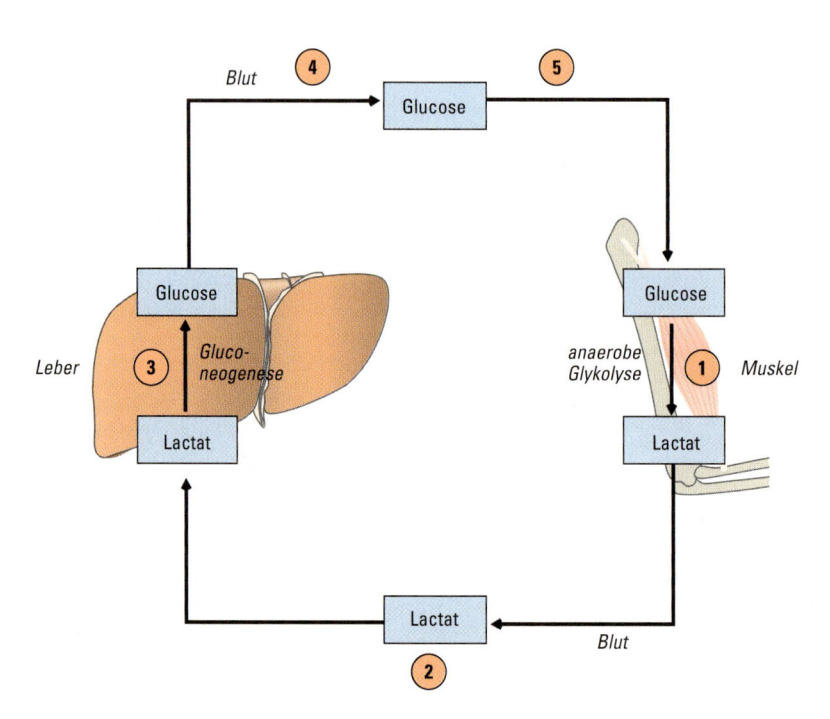

Abb. 75: Cori-Zyklus

medi-learn.de/6-bc1-75

tamin. Bei dieser Reaktion wird ATP verbraucht. Glutamin wird über das Blut zu den Nieren transportiert und von ihnen aufgenommen. Auch hier wird NH_3 abgespalten und dient dann der Alkalisierung des Urins.

Der Aminostickstoff, der beim Aminosäureabbau anfällt, wird hauptsächlich in Form von Alanin und Glutamin im Blutplasma transportiert:
– Alanin wird hauptsächlich von der Leber aufgenommen und
– **Glutamin** geht vorwiegend **zur Niere**.

5.2 Spezielle Aspekte des Muskelaufbaus

Muskelgewebe hat wie jedes Gewebe seine ganz speziellen, besonderen Eigenschaften, von denen einige im Physikum gerne gefragt werden.

5.2.1 Aufbau des Myoglobins

Der Muskel unterliegt ganz besonderen Anforderungen. Er muss unter Umständen über lange Zeit arbeiten. Um solchen Anforderungen stand zu halten, hat der Muskel seine eigene Sauerstoffreserve: das Myoglobin. Myoglobin gehört zu den Hämproteinen.

Leber nimmt Alanin auf
- NH_3 für Harnstoffsynthese
- Pyruvat für Gluconeogenese

Niere nimmt Glutamin auf
- NH_3 zur Alkalisierung des Urins

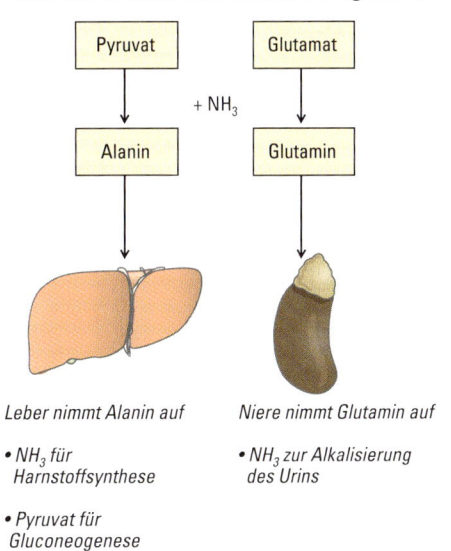

Abb. 76: Alanin-Zyklus   *medi-learn.de/6-bc1-76*

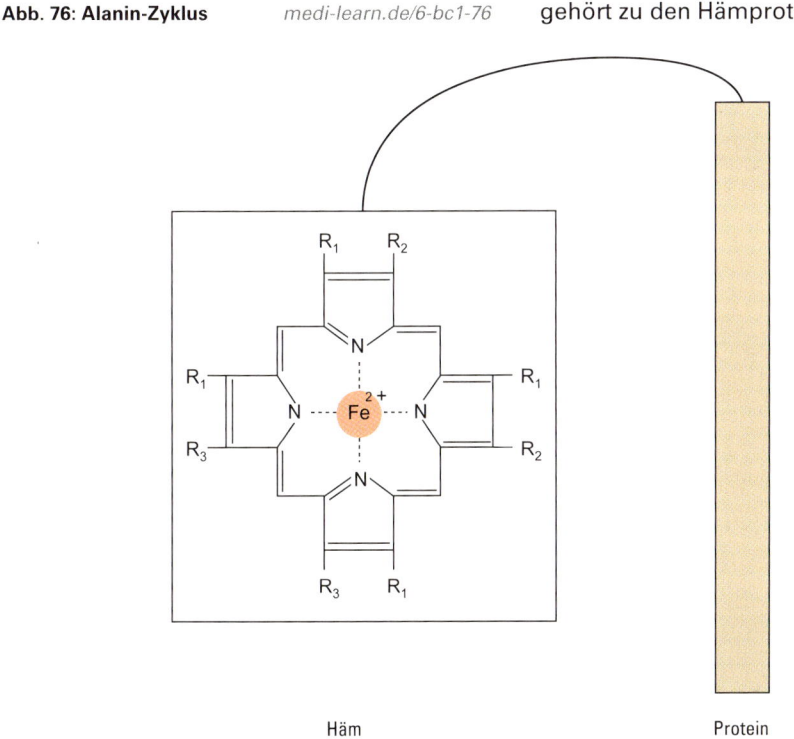

Myoglobin hat nur eine Proteinkette, verbunden mit einem Häm, also insgesamt nur eine Häm-Gruppe.

Abb. 77: Myoglobin   *medi-learn.de/6-bc1-77*

5 Muskel

Ein Hämprotein ist ein zusammengesetztes Molekül aus Häm und Proteinrest. Dazu gehören neben dem Myoglobin auch das Hämoglobin und die aus der Atmungskette bekannten Cytochrome (s. S. 11).

Vergleich Myoglobin/Hämoglobin

Besonders die Unterschiede zwischen Hämoglobin und Myoglobin sind fürs Physikum relevant. Die wichtigsten sind
- die Quartärstruktur ihrer kovalent gebundenen Proteine und
- ihre Sauerstoffaffinität.

> **Merke!**
> - Hämoglobin und Myoglobin besitzen das gleiche Porphyrinsystem (Häm).
> - Hämoglobin und Myoglobin haben unterschiedliche Quartärstrukturen.

Sauerstoffaffinität. Häm ist nicht nur ein Redoxcoenzym (s. 1.3, S. 4), sondern auch ein wichtiger Sauerstofftransporter. Das zentrale **zweiwertige** Eisen-Ion im Häm kann dabei, ohne oxidiert zu werden, Sauerstoff anlagern (Oxygenierung), und zwar ein O_2 pro Häm-Gruppe.
Hämoglobin hat vier Häm-Gruppen und bindet somit maximal vier O_2-Moleküle. Beim Hämo-

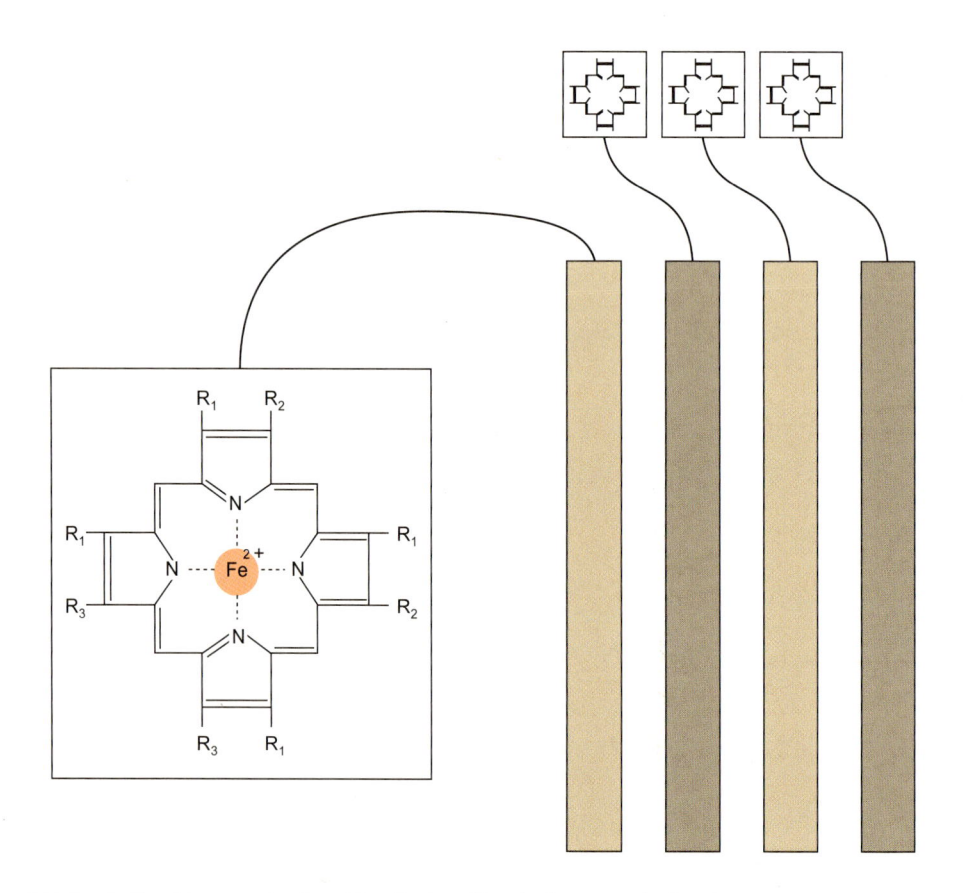

Hämoglobin hat vier Proteinketten, verbunden mit jeweils einem Häm, also insgesamt vier Häm-Gruppen.

Abb. 78: Hämoglobin

5.2.2 Muskelfasertypen

globin gibt es daher noch eine Besonderheit: Das „kooperative Bindungsverhalten". Dies bedeutet, dass mit jedem aufgenommenen O_2 die folgende O_2-Aufnahme leichter fällt. Daraus resultiert die sigmoidale Bindungskurve.

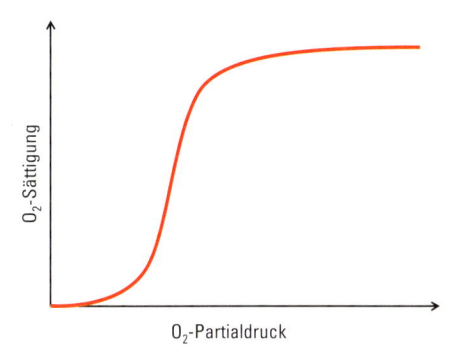

Abb. 79: Hämoglobin, O_2-Bindungskurve

medi-learn.de/6-bc1-79

Myoglobin hat nur eine Häm-Gruppe und kann daher auch nur ein O_2-Molekül binden. Myoglobin zeigt somit auch kein kooperatives Bindungsverhalten. Außerdem verfügt es über eine sehr starke O_2-Affinität. Das bedeutet, dass schon bei niedrigem Sauerstoffpartialdruck viele Myoglobinmoleküle oxigeniert sind. Daraus resultiert die hyperbole Bindungskurve des Myoglobins.

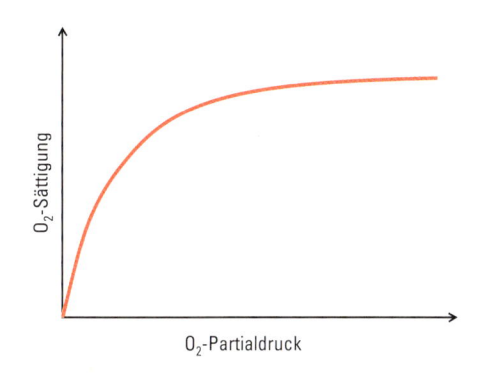

Abb. 80: Myoglobin, O_2-Bindungskurve

medi-learn.de/6-bc1-80

> **Merke!**
> - Myoglobin hat eine höhere Sauerstoffaffinität als Hämoglobin.
> - Die Sauerstoffsättigungskurve des Myoglobin ist hyperbolisch.
> - Hämoglobin zeigt eine kooperative Sauerstoffbindung.

5.2.2 Muskelfasertypen

Es gibt verschiedene Arten von Bewegungen. Wenn man z. B. einen Marathonläufer mit einem Sprinter vergleicht, stellen die beiden ganz verschiedene Anforderungen an ihre Beinmuskulatur. Der Marathonläufer kann sich langsam in seine Bewegung einlaufen und braucht keine schnellen Starts. Allerdings darf seine Muskulatur nicht so schnell ermüden, denn selbst die Weltspitze braucht zweieinhalb Stunden für diese Distanz. Wenn der Sprinter warten müsste, bis sich seine Muskulatur auf Laufen eingestellt hat, wäre die Konkurrenz wahrscheinlich schon am Ziel. Entsprechend dieser unterschiedlichen Anforderungen an die Bewegung haben wir zwei Muskelfasertypen:

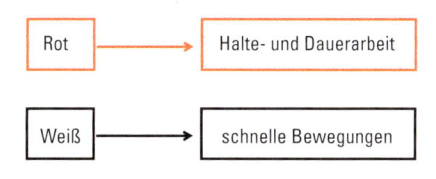

Rot → Halte- und Dauerarbeit

Weiß → schnelle Bewegungen

Abb. 81: Muskelfasertypen   *medi-learn.de/6-bc1-81*

Ein Marathonläufer wird also mehr rote Muskelfasern, ein Sprinter mehr weiße haben. Im Folgenden werden deren Besonderheiten genauer besprochen.

Rote Muskelfasern (Marathonmuskel)

Rote Muskelfasern arbeiten langsam, dafür aber ausdauernd: Zur Energiegewinnung nutzen sie die β-Oxidation, die aerobe Glykolyse, den Citratzyklus und die Atmungskette.

5 Muskel

Der Muskel des Marathonläufers ist damit ein Allesfresser. Er hat die nötige Zeit, die nährstoffabbauenden Stoffwechselwege anzuwerfen. Seine Muskelfasern enthalten zu diesem Zweck viele Mitochondrien, da der größte Teil der Energiegewinnung über Fettsäureoxidation und die Atmungskette läuft, mit entsprechend hoher Citratsynthase-Aktivität und viel Myoglobin.

Rote Muskelfasern
– haben eine geringe Kontraktions- und Erschlaffungsgeschwindigkeit,
– beziehen einen Großteil ihrer Energie aus dem Citratzyklus,
– können Fette verbrennen (β-Oxidation) und
– besitzen
  • viele Mitochondrien (Citratsynthase-Aktivität ist hoch).
  • viel Myoglobin (viel O_2).

Übrigens ...
Durch Ausdauertraining kann man die Mitochondriendichte im Skelettmuskel und damit die Kapazität zur Fettsäureoxidation erhöhen.

Weiße Muskelfasern (Sprintermuskel)

Weiße Muskelfasern arbeiten schnell, dafür aber nicht so lange. Der Sprinter möchte schnell zu seinem nicht weit entfernten Ziel. Die Geschwindigkeit der Kontraktion ist hoch, dem Muskel bleibt für langwierige Prozeduren wie Citratzyklus, Atmungskette, etc. keine Zeit.

Daher wird die Energie vorwiegend anaerob, also mit Kreatin-Phosphat und anaerober Glykolyse, erzeugt. Die Muskelfasern brauchen dazu nicht viele Mitochondrien und auch nicht viel Myoglobin (der O_2-Bedarf ist gering), aber große Mengen von Glykogen, das in die anaerobe Glykolyse einfließt.

Weiße Muskelfasern
– erzeugen Energie vorwiegend anaerob und
– besitzen viel Glykogen.

Vergleich: rote → weiße Muskelfasern

Zum krönenden Abschluss noch mal eine Gegenüberstellung in Tabellenform für den Überblick:

	rot	weiß
Kontraktion	langsam	schnell
Stoffwechseltyp	aerob	anaerob
Mitochondrien	viel	wenig
Myoglobin	viel	wenig
Glykogen	wenig	viel

Tab. 8: Vergleich rot-weiße Muskelfasern

DAS BRINGT PUNKTE

Zum Thema **Muskel** solltest du unbedingt wissen, dass
- Glykogen durch die Phosphorylase zu Glucose-1-P abgebaut wird,
- der Muskel keine Glucose-6-Phosphatase besitzt,
- ADP und Kreatin-Phosphat zu ATP und Kreatin reagieren, wobei letzteres als Kreatinin mit dem Urin ausgeschieden wird und
- sich die Quartärstruktur des Myoglobins von der des Hämoglobins unterscheidet (s. Gegenüberstellung, Abb. 77, S. 67 und Abb. 78, S. 68).

FÜRS MÜNDLICHE

In der mündlichen Prüfung solltest du folgende Fragen beantworten können.

1. Bitte erläutern Sie, was das Glykogen im Muskel vom Glykogen in der Leber unterscheidet.

2. Bitte erklären Sie, auf welche verschiedene Arten der Muskel ATP herstellen kann und nennen Sie diese.

3. Hämoglobin und Myoglobin haben entscheidende Unterschiede und nennen Sie mir die wichtigsten.

4. Welche Arten von Muskelfasern kennen Sie? Beschreiben Sie bitte die Unterschiede.

5. Welche Funktion hat Kreatin-Phosphat?

6. Welche Möglichkeiten der ATP Bildung im Muskel kennen Sie?

7. Was ist der Cori-Zyklus?

---

1. Bitte erläutern Sie, was das Glykogen im Muskel vom Glykogen in der Leber unterscheidet.
Der Muskel besitzt keine Glucose-6-Phosphatase und kann daher keine freie Glucose synthetisieren. Er ist somit nicht zur Anhebung des Blutzuckerspiegels fähig.

2. Bitte erklären Sie, auf welche verschiedene Arten der Muskel ATP herstellen kann und nennen Sie diese.
Es gibt anaerobe und aerobe Möglichkeiten zur ATP-Herstellung. Zu den anaeroben zählt die Kreatinkinasereaktion und die anaerobe Glykolyse. Für die aerobe ATP-Herstellung werden vor allem der Citratzyklus und die Atmungskette herangezogen.

3. Hämoglobin und Myoglobin haben entscheidende Unterschiede. Bitte nennen Sie mir die wichtigsten.
Hämoglobin und Myoglobin sind Hämproteine. Hämoglobin hat vier Häm-Guppen, verknüpft mit Globinen, Myoglobin hat nur ein Häm und eine Globinkette. Daraus ergibt sich auch der zweite wichtige Unterschied in der Sauerstoffbindung: Die O_2-Affinität des Hämoglobins wächst mit jedem aufgenommenen O_2 (Kooperativität). Die Sauerstoffbindungskurve ist somit sigmoidal. Myoglobin hat dagegen eine hyperbolische Sauerstoffbindungskurve.

FÜRS MÜNDLICHE

4. Welche Arten von Muskelfasern kennen Sie? Beschreiben Sie bitte die Unterschiede.
Es gibt rote und weiße Muskelfasern. Unterschiede s. Tab. 8, S. 70.

5. Welche Funktion hat Kreatin-Phosphat?
Kreatin-Phosphat hat im Muskel die Funktion eines ATP-Puffers. Es kann in Kontraktionsphasen über die Kreatinkinasereaktion schnell zur ATP-Synthese beitragen. In Ruhezeiten wird der Kreatinphosphatspeicher dann wieder aufgefüllt.

6. Welche Möglichkeiten der ATP Bildung im Muskel kennen Sie?
Der Muskel hat zur ATP Bildung viele Möglichkeiten.
Er kann über Kreatin-Phosphat, die Adenylatkinasereaktion und die anaerobe Glykolyse anaerob ATP synthetisieren.
Zur aeroben ATP-Gewinnung stehen dem Muskel die Glykolyse, der Citratzyklus, die Beta-Oxidation und die sich anschließende Verwertung der Reduktionsäquivalente in der Atmungskette zur Verfügung.

7. Was ist der Cori-Zyklus?
Der Cori-Zyklus ist eine Art Recycling Vorgang für das Lactat, das aus der anaeroben Glykolyse entsteht. Der Muskel gibt das Lactat an das Blut ab, dieses wird von der Leber aufgenommen und der Gluconeogenese zugeführt. Die dabei entstehende Glucose kann schließlich vom Muskel wieder für die Glykolyse verwendet werden.

Pause

Geschafft! Hier noch ein kleiner Cartoon als Belohnung ...

Mehr Cartoons unter www.medi-learn.de/cartoons

Index

A
Acetyl-CoA 15, 17, 23, 24, 28
Acyl-CoA 15, 17
Adenosintriphosphat (ATP) 13, 21
Adenylat-Kinase 62, 64
Alanin-Zyklus 66
Aspartat 18, 36
Atmungskette 41, 58
– Aufbau 43
– Beeinflussung 53
– Energiebilanz 50
– Entkoppler 55
– Hemmung 53
– Regulation 52
– Überträgermoleküle 48
ATP-ADP-Translokase 52
ATP-Bildung 62
ATP-Synthase 48, 50, 52, 59

B
Barbiturat 54
Beriberi 15
Blausäure 54

C
Calmodulin 65
Carnitin-Shuttle 17
Citrat 29
Citrat-Shuttle 17
Citrat-Synthase 29, 36
Citratzyklus 28, 38
– Ablauf 29
– Energiebilanz 35
– Regulation 36
Coenzym A 14, 20
Coenzym 4, 21, 43
– lösliches 5
– Pyruvatdehydrogenasereaktion 23
– Redoxcoenzym 6
  • Eisen-Schwefel-Komplexe 6, 12, 44, 45
  • FMN und FAD 6
  • Häm 6
  • Liponsäure 6
  • NAD^+ und $NADP^+$ 6
  • Ubichinon 6
Cori-Zyklus 66, 72
Cysteamin 14, 15
Cytochrom 11, 12, 46, 47, 59
– Cytochrom a 47
– Cytochrom a_3 47
– Cytochrom b 46
– Cytochrom c 50, 54
Cytochromoxidase 47

D
Decarboxylierung 23, 30
Decarboxylierung, oxidative 30
Dehydrierung 3, 30, 33
Desaminierung, oxidative 43
Dinitrophenol 56

E
Eisen-Schwefel-Komplexe 6, 12, 44, 45

F
FAD 9, 20, 24
$FADH_2$ 28, 45
FMN 9, 20, 44
$FMNH_2$ 44
Fumarase 33
Fumarat 33

G
Gammaaminobuttersäure (GABA) 36
Gluconeogenese 66
Glucose-6-Phosphatase 65
Glutamat 18, 36
Glutamin 66, 67
Glycerophosphat-Shuttle 19, 21, 50
Glykogen 64, 71
Glykogenolyse 65
Glykolyse 23, 28
– aerobe 64
– anaerobe 63
Guanidinoacetat 63
Guanosintriphosphat (GTP) 31

H
Häm 11
Hämoglobin 12, 68, 71
Hämoprotein 67

Index

Häm-Synthese 36
Harnstoffsynthese 67
Hydratisierung 33
Hydrid-Ionen 7
Hydrierung 2

I
Interkonvertierung 27
Isocitrat 30
Isocitratdehydrogenase 36, 38
Isomerisierung 30

K
α-Ketoglutarat 18, 30, 36
α-Ketoglutaratdehydrogenase 15
Knallgasreaktion 42
Kohlendioxid 34
Kreatinin 63
Kreatinkinase 63
Kreatinphosphat 62, 63, 72

L
Lactat 64, 66
Liponamid 24
Liponsäure (Lipoat) 10, 24

M
Malat 33
Malat-Aspartat-Shuttle 17
Malatdehydrogenase 17
Malat-Shuttle 21
Methämoglobin 12
Mitochondrium 16, 21, 28
Multienzymkomplex 23
Muskelfasertypen 69
Muskelstoffwechsel 62
Myoglobin 12, 67, 68, 71

N
NAD^+ 7, 8, 20, 25
NADH 25
$NADH + H^+$ 28, 43, 53, 63
NADH-Ubichinon-Reduktase 44
$NADP^+$ 7, 8, 20
Niacin *siehe* Nicotinsäure
Nicotinsäure 7

O
Oxalacetat 17, 29, 33, 36
Oxidation 2, 33, 59
β-Oxidation 28, 43
Oxidation, biologische 1

P
Pantethein 14
Panthothensäure 14
Pellagra 9
Pentosephosphatweg 9
Phosphorylase 65
Phosphorylase-Kinase 65
Phosphorylierung, oxidative 49, 59
P/O-Quotient 53
Porphyrinsynthese 36
Potenzialdifferenz 48
Protonengradient 50
Pyrimidinring 15
Pyruvat 23, 66, 67
Pyruvat-Carboxylasereaktion 37
Pyruvatdehydrogenase 15
Pyruvatdehydrogenasereaktion 23, 28
– Gesamtablauf 25
– Regulation 27

R
Reaktion
– anaplerotische 37, 39
– endergone 4, 14, 21
– exergone 4, 21
Redoxpotenzial 3
Redoxreaktion 2, 3, 10
Reduktion 2, 59
Reduktionsäquivalent (Redoxäquivalent) 3, 7
Riboflavin 9

S
Säureanhydridbindung 14
Spannungsreihe 3, 60
Steroidbiosynthese 9
Substratkettenphosphorylierung 31
Succinat 29, 33
Succinatdehydrogenase 33, 36
Succinat-Ubichinon-Reduktase 44, 50
Succinyl-CoA 30, 31

T
Thermogenin 56
Thiaminpyrophosphat
(Thiamindiphosphat) 15, 23, 38
Thiamin (Vitamin B_1) 15
– Thiaminmangel 15
Thioesterbindung 14, 31
Transaminierung 66
Transketolase 15

U
Ubichinol 44
Ubichinol-Cytochrom-c-Reduktase 46
Ubichinon (Coenzym Q) 11, 44, 50

Deine Meinung ist gefragt!
Es ist erstaunlich, was das menschliche Gehirn an Informationen erfassen kann. Slbest wnen kilene Fleher in eenim Txet entlheatn snid, so knnsat du die eigneltchie lofnrmotian deoncnh vershteen – so wie in dsieem Text heir.

Wir heabn die Srkitpe mecrfhah sehr sogrtfältg güpreft, aber vilcheliet hat auch uesnr Girehn – so wie deenis grdaee – unbeswust Fheler übresehne. Um in der Zuuknft noch bsseer zu wrdeen, bttein wir dich dhear um deine Mtiilhfe.

Sag uns, was dir aufgefallen ist, ob wir Stolpersteine übersehen haben oder ggf. Formulierungen verbessern sollten. Darüber hinaus freuen wir uns natürlich auch über positive Rückmeldungen aus der Leserschaft.

Deine Mithilfe ist für uns sehr wertvoll und wir möchten dein Engagement belohnen: Unter allen Rückmeldungen verlosen wir einmal im Semester Fachbücher im Wert von 250 Euro. Die Gewinner werden auf der Webseite von MEDI-LEARN unter www.medi-learn.de bekannt gegeben.

Schick deine Rückmeldung einfach per E-Mail an support@medi-learn.de oder trag sie im Internet in ein spezielles Formular für Rückmeldungen ein, das du unter der folgenden Adresse findest:

www.medi-learn.de/rueckmeldungen

KOSTENLOSES PROBEKAPITEL

WWW.MEDI-LEARN.DE/SKR-ABENTEUER

AB DEM 5. SEMESTER GEHT ES ERST RICHTIG LOS

ABENTEUER KLINIK!

MEDI-LEARN®